Milena Wiese

ISS klüger, NICHT weniger

60 gesunde und einfache Rezepte zum Abnehmen und Wohlfühlen

riva

INHALT

VORWORT

Schön, dass dieses Kochbuch zu dir gefunden hat.

Der Diätmarkt sprudelt über vor Tipps, wie man am schnellsten und besten abnehmen kann. Wahrscheinlich hast du selbst bereits die Erfahrung machen müssen, dass hinter den meisten dieser Ratschläge nichts als heiße Luft steckt.

Abnehmen wird dabei oft mit Hungern gleichgesetzt, was aber nicht korrekt ist und sogar schädlich sein kann! Im Gegenteil: Mir ist es wichtig, dass du lernst, wieder auf dein Hungergefühl zu hören und zu vertrauen. Dafür sind eine geringere Energiedichte sowie eine kluge Nährstoffverteilung wichtig. Das mag furchtbar theoretisch klingen, aber du findest in diesem Buch 60 Beispielrezepte, die diese Kriterien wunderbar erfüllen.

Dabei geht es nicht darum, wie ein dünnes Model auszusehen oder die Zahl X auf der Waage zu erreichen, die dir ohnehin niemand von der Nase ablesen kann. Ich sehe eine bewusste Ernährung vielmehr als eine Möglichkeit an, Selbstliebe zu üben, sich gut um sich zu kümmern und sich wohl in seiner Haut zu fühlen. Es geht darum, den inneren Palast zu pflegen, damit du deinen Alltag rocken kannst.

Da es mir primär um Wohlbefinden und Gesundheit geht, spreche ich mich sowohl gegen radikale Diäten als auch gegen einen Verzicht auf bestimmte Lebensmittel aus. Ich konzentriere mich stattdessen auf Rezepte, die dich mit all den Nährstoffen versorgen, die du wirklich brauchst. Ganz nach dem Motto: Iss klüger, nicht weniger.

Ich wünsche dir viel Freude beim Nachkochen – und lass es dir schmecken!

Deine Milena

Wenn du mehr von mir erfahren möchtest, dann schau gern auf meinem Blog www.milenasrezept.de, auf Instagram @milenasrezept oder bei meinem Podcast »Iss klüger, nicht weniger« vorbei.

WAS BEDEUTET ES, KLÜGER UND NICHT WENIGER ZU ESSEN?

Hinter dieser Aussage verbirgt sich viel mehr als nur ein kluger Spruch! Dass wir uns gesund oder ungesund ernähren können, ist jedem bewusst. Dass wir hingegen gesund oder ungesund abnehmen können, ist vielen nicht klar. Leider hat das in der Vergangenheit vielen unseriösen Anbietern dabei geholfen, mit unrealistischen und gesundheitsschädigenden Abnehmversprechen zu locken, die die Gefahr für den gefürchteten Jo-Jo-Effekt stark erhöhen.

Es wird dir leider nichts bringen, kurzfristige Diäten anzugehen, egal wie verführerisch einige Angebote klingen mögen. Letztlich führt kein Weg an einer echten Ernährungsumstellung vorbei – auch wenn das nicht so sexy klingt, ich gebe es zu. Wichtig ist kurz gesagt: klüger essen, nicht einfach weniger!

Aber was bedeutet das nun genau? Im Folgenden habe ich dir fünf wichtige Grundsätze zusammengefasst.

Iss ausreichend

Fangen wir gleich mit dem Punkt an, der vermutlich im völligen Gegensatz zu dem steht, was du bisher gelernt hast. »Ausreichend essen? Hä? Siehst du nicht, wohin mich das die letzten Jahre geführt hat?«, wirst du vermutlich denken.

Machen wir an dieser Stelle einen kleinen Umweg und sprechen über den menschlichen Stoffwechsel. Auf der einen Seite benötigt dieser Energie, um deine Körperfunktionen aufrechtzuerhalten. Deine Organe laufen ja nicht von alleine! Dein Herz schlägt, Niere und Leber müssen arbeiten, Hormone werden gebildet. Das heißt, dass wir diese Kraft sogar brauchen, wenn wir im Bett liegen. Obendrauf kommt die Energie, die wir für die Bewegung benötigen. Da meine ich nicht nur den Sport. Auch deine ganz alltäglichen Aktivitäten wie spazieren gehen oder den Arm heben verbrauchen Energie.

Und all diese Energie muss irgendwie gewonnen werden. Hier kommt unsere Nahrung ins Spiel! Durch die Verdauung unserer Mahlzeiten ist der Körper in der Lage, einzelne Bestandteile in Energie umzuwandeln und zu nutzen, um alle Funktionen zu erhalten.

Diese Energie ist übrigens messbar. Wahrscheinlich hast du schon einmal von den Kalorien gehört. Bekannt und gleichzeitig gefürchtet als kleine Monsterchen, die nachts die Kleidung enger nähen, sind sie in Wahrheit eine Maßeinheit für diese Energie, genau wie wir mit Stunden die Zeit messen oder mit Metern eine Strecke.

Da der Körper in Form von Depotfett Energiespeicher anlegt, ist es übrigens nicht schlimm und sogar notwendig, entsprechend weniger Nahrungsenergie aufzunehmen, wenn du abnehmen möchtest und das Depotfett abbauen möchtest. Zugleich benötigt dein innerer Palast natürlich ein Mindestmaß, um weiterhin wie geölt zu laufen. Wenn du eine Zeitlang zu wenig isst, kann dies dazu führen, dass wichtige

Körperstrukturen wie Knochen und Muskulatur abgebaut werden. Auch spart der Körper an der Synthese einiger wichtiger Hormone. Leider bekommst du das gleich doppelt und dreifach zurück: Neben den ungesunden Folgen für den Körper kann dies dazu führen, dass sich nach der Abnahme der Energiebedarf des Körpers verringert. Das kann einen ärgerlichen Jo-Jo-Effekt nach sich ziehen. Auf eigene Faust nur 1000 kcal am Tag zu essen, kann sich daher schnell negativ auswirken.

Solltest du körperlichen Hunger oder sogar Heißhunger verspüren, lautet meine Empfehlung für dich, eine richtige Mahlzeit zu essen und dich nicht von Snack zu Snack zu hangeln.

Beobachte dich in den nächsten Tagen und Wochen: Hast du gerade wirklich Hunger oder isst du nur aus Langeweile, zur Belohnung oder weil alle um dich herum gerade eine große Mahlzeit zu sich nehmen? Zwischen körperlichem und psychischem Hunger unterscheiden zu lernen, ist einer der größten Fortschritte auf deinem Weg zu guter Gesundheit.

Wenn du Bedenken hast, ob du wirklich auf dein Hungergefühl hören kannst, dann keine Panik auf der Titanic. 😉 Das geht vielen so. Hast du Lust, neue Erfahrungen zu sammeln? Mit einer klugen Ernährung wird es dir viel leichter fallen, auf dein Hungergefühl zu hören. Dazu kommen wir gleich noch. Solltest du trotz allem aber das Gefühl haben, dass dein Magen ein schwarzes Loch ist, dann scheue dich nicht, eine Ernährungsberatung aufzusuchen und/oder deine Ärztin nach den Ursachen zu fragen. Das ist tausendmal besser, als sich übermütig auf die nächste schnelle Diät einzulassen.

Lass keinen Nährstoff aus

Hier spreche ich nicht nur von Vitaminen und Mineralstoffen, sondern insbesondere von den Hauptnährstoffen.

Grob gesagt kannst du als energieliefernden Nährstoff Proteine, Kohlenhydrate oder Fette essen. Einige Diäten schwören darauf, die Kohlenhydrate wegzulassen, andere verbieten die Fette. In Studien wurde übrigens nachgewiesen, dass beides gleichermaßen effektiv für eine Gewichtsabnahme sein kann. Hier gibt es also nicht nur den einen Weg.

Aber warum einzelne Nährstoffe streichen, wenn es gar nicht sein muss? Eine Ernährungsumstellung an sich ist schon anstrengend genug. Ich würde mich nicht noch weiter einschränken wollen.

Übrigens hat jeder Nährstoff auch seine Aufgabe im Körper. Deshalb ist es durchaus möglich, es mit Low Carb oder Low Fat zu übertreiben. So sind Fette wichtig, um fettlösliche Vitamine aufzunehmen und um Hormone wie Cortisol oder Geschlechtshormone zu bilden. Einige Hormonstörungen sind daher die Folge, wenn wir dauerhaft zu wenige Fette essen. Zudem reagieren einige Hormone, die unserem Gehirn Sättigung signalisieren, besser auf Fette. Das sind wichtige Gründe für mich, in jedes meiner Rezepte eine Fettquelle einzubauen. Fette sind im Übrigen auch Geschmacksträger – umso besser für die Rezepte!

Proteine werden vom Körper auf solch eine vielfältige Art und Weise benötigt, dass eher die Frage ist, woran Proteine eigentlich nicht beteiligt sind. Wir finden sie in Geweben, Knochen und

Muskulatur wieder, aber sie mischen auch im Immunsystem mit. Wenn der Körper einzelne Nährstoffe ab- oder umbaut, sind Enzyme mit im Spiel. Diese bestehen aus kleinen Protein-Bausteinen. Kurz gesagt: Wir brauchen Proteine genauso sehr wie ein Dach über dem Kopf.

Die roten Blutkörperchen, unser Gehirn und unser Nierenmark sind übrigens auf die kontinuierliche Versorgung mit dem kleinsten Kohlenhydrat-Baustein namens Glucose angewiesen. Zudem nutzt der Körper Kohlenhydrate, um einen Glykogen-Speicher anzulegen. Sollte unser Blutzuckerspiegel mal abfallen, greift der gesunde Körper auf diesen Speicher zurück, um ihn wieder auf die richtige Bahn zu bringen.

Auf den nächsten Seiten findest du eine praktische Übersicht, welche Lebensmittel besonders kohlenhydrat, fett- oder proteinhaltig sind.

Hand aufs Herz: Wir alle lieben Spaghetti, oder? Mir ist es nicht nur wichtig, jeden Nährstoff zu essen, sondern auch das zu essen, was ich persönlich gern mag. Verbieten wir uns zu viel, führt das zu Frust und psychischem Heißhunger. Deshalb findest du in meinem Kochbuch auch Lebensmittel wie Nudeln, Reis oder Öle, eben das, was andere als »böse« verteufeln. Diese Lebensmittel machen nicht per se dick! Wie immer kommt es auf die Menge und auf die Ausgewogenheit an.

Achte auf die Energiedichte

Greifen wir an dieser Stelle noch einmal das Thema Energie auf, die wir ja in Form von Kalorien messen: Wir brauchen sie, aber sollten sie bewusster essen.

Man hat herausgefunden, dass sich bei Mahlzeiten mit hoher Energiedichte eher Übergewicht einstellt, eine geringe Energiedichte also beim Abnehmen hilfreich sein kann.

So weit die Theorie! Um dir ein greifbares Beispiel zu geben: Stell dir vor, dass vor dir zwei gleich große Schüsseln stehen. Die linke Schüssel ist voller Paranüsse, die rechte gefüllt mit Joghurt. Obwohl beide Schüsseln gleich groß sind, wirst du mit der linken ca. zehnmal so viele Kalorien aufnehmen als mit der rechten. Warum? Weil Paranüsse knapp 700 kcal pro 100 g haben, während Joghurt gerade einmal 65 kcal pro 100 g aufweist.

Eine Mahlzeit mit geringerer Energiedichte zu essen ist wichtig, damit wir unser erstes Sättigungssignal leichter spüren können: die Magendehnung. Füllt sich der Magen, sorgen entsprechende Dehnungsrezeptoren dafür, dass Sättigungssignale an das Gehirn gesendet werden. Dabei ist das Volumen der Mahlzeit der entscheidende Faktor, nicht die Kalorien. Ein Teller, der mit Schnitzel, Pommes und Mayonnaise gefüllt ist, kann durchaus mit 1000 kcal zu Buche schlagen, während eine Gemüsepfanne gleicher Größe nur die Hälfte davon hat. Hier kannst du also die Hälfte an Kalorien einsparen, ohne weniger zu essen, während dein Magen zum selben Zeitpunkt die Sättigungssignale sendet! Da bekommt der Leitspruch »Iss klüger, nicht weniger« doch direkt einen bunten Anstrich, oder?

Das Schöne an der Energiedichte ist, dass jeder Hersteller gesetzlich dazu verpflichtet ist, eine Nährwerttabelle auf die Lebensmittelverpackung zu schreiben. An dieser kannst du mit einem Blick erkennen, wie hoch die Energiedichte ist. Aber

Achtung: Schaue hier immer nach der Kalorienangabe pro 100 g, nicht nach der Kalorienangabe pro Portion, da Letzteres die Werte stark verfälschen kann.

Lebensmittel mit niedriger Energiedichte sind zum Beispiel Obst oder Gemüse. Aber keine Sorge: Das bedeutet natürlich nicht, dass du nur noch Gemüse essen solltest! Für dieses Kochbuch habe ich die Energiedichte der einzelnen Rezepte bewusst zusammengestellt und Zutaten sinnvoll kombiniert. So schleuse ich auch kalorienreiche Lebensmittel wie Öle oder Nüsse ein, damit du ausreichend Fette isst.

Achte auf Proteine und Ballaststoffe

Über die Aufgaben der Proteine in unserem inneren Palast haben wir schon eben gesprochen. Wer abnehmen möchte, kann einen besonderen Wert auf diesen Nährstoff legen: Proteine tragen wesentlich dazu bei, dass unsere Muskelmasse erhalten bleibt, während das Depotfett sich verringert. Man darf nämlich nicht davon ausgehen, dass der Körper genau weiß, ob er seine wertvolle Muskulatur oder doch das Depotfett abbauen sollte, wenn plötzlich weniger (Nahrungs-)Energie hereinkommt.

Unser Körper ist nicht oder nur in begrenztem Maße dazu befähigt, Ballaststoffe zu verdauen. Was zunächst wie ein ungesunder Nachteil klingt, hat sich in Wirklichkeit als wahrer Vorteil entpuppt: So bleibt eine ballaststoffreiche Mahlzeit länger im Magen-Darm-Trakt und lässt den Blutzuckerspiegel nur in geringem Maße ansteigen. Dies führt dazu, dass wir uns viel gesättigter fühlen. Ciao, Heißhunger! Mit einer ballaststoffreichen Ernährung sorgen wir übrigens für eine große Menge an Dickdarmbakterien, die mit dem Körper symbiotisch zusammenleben. Das kann man sich wie ein harmonisches Zusammenleben im inneren Palast vorstellen.

Ernähre dich alltagsgerecht

Jetzt habe ich viel über die Theorie der Ernährung geschwafelt. Nun ist es an der Zeit, in die Umsetzung zu kommen! Hier dürfen wir nicht vergessen, dass wir bei all den Dos und Don'ts, die uns eine gesunde Ernährung vorschreiben will, auch noch einen Alltag haben, in dem wir all das unterbringen müssen. Das ist oft gar nicht leicht! Schließlich haben wir Tage, die hektisch und stressig sind und an unserer Laune zehren. Oft mangelt es an Zeit. Keine guten Voraussetzungen, um eine neue Gewohnheit aufzubauen. Aber hey: Machen wir das Beste draus!

Sei gut zu dir und überfordere dich nicht. Es ist noch kein Meister vom Himmel gefallen (und sogar die Leute, die gesunde Kochbücher schreiben, essen mal eine Tiefkühlpizza, hust).

Oft sind es die einfachen Mahlzeiten, die die wahren Superhelden unseres Alltages sind. Je kürzer die Zubereitungszeit und je weniger Zutaten du benötigst, desto besser. Dieses Buch wird dich hierbei mit 60 Rezepten unterstützen. Suche dir einfach die Rezepte heraus, die gut zu dir passen.

MEIN GRUNDSATZ: MEHR, NICHT WENIGER!

Im Gespräch mit anderen stelle ich immer wieder fest, dass eine gesunde Ernährung oft wie ein Ballast angesehen wird. Da haben wir stressige Arbeitstage, eine nervige Heimfahrt mit Stau, müssen Sport treiben und dann noch etwas Kalorienarmes kochen! Puh! Lieber eine leckere Pizza, oder?

Auch in den Medien ist viel präsenter, auf was wir angeblich alles verzichten müssen, um gesünder zu leben. Bitte keinen Zucker (oder am besten gar keine Kohlenhydrate mehr!), keine schlechten Fette, keine Zusatzstoffe, keine Fertiggerichte, keine tierischen Produkte, kein dies, kein das.

Ich erinnere mich nur zu gut an die Zeit, in der ich angefangen habe, zu probieren, alles richtig zu machen. In jedem dahergelaufenen Ernährungstrend habe ich nach dem Fünkchen Wahrheit gesucht, immer mit dem obersten Ziel, gesund zu sein. Alles, was mir diese anstrengende Phase gebracht hat, war eine unreine Haut und ein gravierender Vitamin-B12-Mangel. Tatsächlich war ich von meinem wachen, fitten Ich genauso weit entfernt wie zu der Zeit, in der ich gar nicht auf meine Ernährung geachtet habe und am Wochenende liebend gern feiern gegangen bin.

Natürlich ist es hart, über die Jahre lieb gewonnene Gewohnheiten im Sinne der Gesundheit aufzugeben und durch nützlichere zu ersetzen. Das will ich gar nicht infrage stellen. Schnell fällt man in alte Gewohnheiten zurück. Dann ist es nicht leicht, sich aufzuraffen und klüger zu handeln!

Und weil eine Gewohnheitsumstellung per se schon schwierig genug ist, plädiere ich dafür, sich von Anfang an die guten Seiten einer gesunden Ernährung vor Augen zu halten und sich nicht mit Hunderten unnötigen Verboten die Umstellung noch schwerer zu machen.

Kurz gesagt: Konzentriere dich nicht auf die Schokolade, die du angeblich nicht mehr essen darfst (ich muss hier ein wenig schmunzeln, da ich täglich Schokoladiges esse). Lege deinen Fokus viel mehr auf die schönen Aspekte deiner Reise. Wenn ich dir ein paar Beispiele nennen darf:

- viele neue Rezepte, die du ausprobieren kannst,
- die Vielfalt an Obst und Gemüse, an der du dich satt essen kannst,
- vor dem Supermarktregal zu stehen und dich zu fragen, welche neue Teesorte du heute ausprobieren möchtest,
- die Zufriedenheit darüber, dass du in zehn Minuten ein Gericht kochen kannst, das dir gut schmeckt und ein gutes Gefühl in dir hinterlässt: keinen Heißhunger, kein Bauchweh, keine Trägheit danach.

Unsere Psyche kennt den Aspekt der verbotenen Frucht: Das, was man sich verbietet, möchte man danach umso mehr. Finde für dich also die Balance zwischen genießen und gesund: Wenn du Schokoladiges liebst, dann such dir ein leckeres

Schokomuffin-Rezept. Wenn du ohne Softdrinks nicht sein kannst, dann halte nach neuen Teesorten Ausschau. Ich spreche hier übrigens nicht von einem Ersatz, sondern einfach von gesünderen Alternativen. Hast du diese in Griffweite, dann wird es dir leichter fallen, die ungesunden Lebensmittel immer öfter oder ganz wegzulassen.

Übrigens isst das Auge mit! Auf Instagram erlebe ich täglich hautnah mit, wie viel attraktiver eine Mahlzeit wirkt, wenn man sie hübsch anrichtet. Liegt etwas frische Petersilie auf dem Curry, hat man gleich mehr Lust darauf. Auch ein kleiner Teller, auf dem eine Mahlzeit optisch größer wirkt, hat Einfluss auf dein Gefühl. Unterschätze diese Faktoren bitte nicht!

ZUCKERALTERNATIVEN: WELCHE IST DIE BESTE?

Über den »richtigen« Zuckerersatz wird seit Jahren heiß und leidenschaftlich diskutiert – mit verschiedenen Ergebnissen. Einige schwören auf Süßstoffe, während andere sie verteufeln und lieber natürlich süßen. Kein Wunder, dass man bei den vielen Meinungen durcheinanderkommt!

Wenn du dir die verschiedenen Rezepte in diesem Kochbuch ansiehst, wirst du feststellen, dass ich bei den Zuckeralternativen abwechsle. Das hat einen simplen Grund: Ich bin der Ansicht, dass es »die eine« perfekte Zuckeralternative nicht gibt. Jede hat ihre Vor- und Nachteile.

Eigentlich geht es auch nicht um diesen perfekten Ersatz, sondern darum, uns einen übersüßen Geschmack abzugewöhnen. Süßigkeiten sind voller Zucker. Essen wir diesen häufig, gewöhnen sich unsere Geschmacksknospen daran. Dagegen schmeckt Obst dann ziemlich fad! Good news: Es dauert ungefähr zwei Wochen, bis sich die Knospen umgewöhnen. Wenn du insgesamt weniger süß isst, wird Obst wieder intensiver schmecken, während die Vollmilchschokolade auf einmal ekelhaft süß ist.

Das ist übrigens der Hauptgrund, weshalb ich Süßstoffe nur in Maßen konsumiere: Sie sind um ein Vielfaches süßer als unser herkömmlicher Haushaltszucker. Ein bisschen reicht aus, um die gesamte Mahlzeit zu süßen. Dabei haben sie keine Kalorien! Auch ich hatte meine Phase, in der ich ein großer Süßstoff-Fan war, bis mir aufgefallen ist, wie abhängig ich eigentlich davon geworden bin. Ohne meine Geschmackspülverchen hat mir irgendwann gar nichts mehr geschmeckt. Sogar der Milchkaffee war ohne Vanille-Flavdrops langweilig.

Honig, Agavendicksaft, Kokosblütensirup und Co. als »zuckerfrei« darzustellen, ist komplett falsch. So falsch, dass es den Herstellern in der EU rechtlich verboten wurde. Ein Blick auf die Nährwerttabelle erklärt das ganz gut, denn Sirup besteht aus reinem Zucker. Ob natürlich oder nicht, spielt in diesem Zusammenhang eine untergeordnete Rolle, da der Körper diesen genauso verstoffwechselt wie unnatürlichen Zucker. Auch die häufig genannte Mineralstoffmenge hält sich eher in Grenzen. In meinen Rezepten verwende ich sie daher in Maßen, da sie eine besondere geschmackliche Note beitragen können. So hat Kokosblütensirup einen sehr rauchigen Geschmack und unterstützt eine schokoladige Note besonders. Ansonsten ist meine Empfehlung, Sirup ähnlich wie Haushaltszucker nur in Maßen zu essen. Einer meiner Leitsätze: Menge und Ausgewogenheit sind entscheidend!

Am häufigsten findet man wohl Zuckeraustauschstoffe bei mir. Xylit und Erythrit haben weniger bis keine Kalorien, sind kein Zucker und werden dementsprechend anders vom Körper verstoffwechselt. Das hat den großen Vorteil, dass die Blutzuckerkurve nicht so stark ansteigt. Auch gilt Xylit als zahnfreundlich. Am liebsten verwende ich eine 1:1-Mischung aus Xylit und Erythrit, da diese optisch dem Zucker ähnelt und auch ähnlich süßt, aber viel weniger Kalorien hat. Übrigens fehlt einigen Tieren wie Hunden oder Kaninchen ein Enzym, um Xylit zu verstoffwechseln. Daher kann dieser Zuckeraustauschstoff für sie giftig sein. Wir Menschen besitzen dieses Enzym, allerdings nicht in unendlichem Maße. Wenn du Bauchschmerzen, Blähungen und Durchfall bemerkst, ist dies ein Zeichen, die Zuckerersatzstoffe zu reduzieren. Als erste Faustregel kann ich dir raten, mit 20–30 Gramm am Tag zu beginnen. Es kann sein, dass du mit etwas Gewöhnung mehr davon verträgst.

Wie du siehst, ist grundsätzlich alles möglich, aber nicht zu 100 Prozent perfekt. Experimentiere daher ein bisschen! Was verträgst du gut? Womit kommst du klar? Letztlich bist du niemandem eine Rechenschaft schuldig, denn es geht um dich und deinen Körper.

Bei den Zuckeralternativen werden übrigens häufig die Lebensmittel vergessen, die ein Rezept natürlich auch wunderbar süßen können: So sind Datteln eine gute Süßungsquelle und im Gegensatz zum Dattelsirup ballaststoff- und mineralstoffreicher. Auch Bananen sind super – hast du schon mal probiert, ein Bananenbrot ohne Zucker zu backen? Das geht!

KOHLENHYDRATE, FETTE, PROTEINE: EINE ÜBERSICHT

Für deinen inneren Palast (also: deine Gesundheit) ist es sehr wichtig, dass du dir keine einseitige Ernährung angewöhnst. Unter anderem bedeutet dies, dass du ausreichende Mengen von jedem Hauptnährstoff brauchst. Lies hierzu gern den Abschnitt »Lass keinen Nährstoff aus«, um die genauen Gründe zu erfahren. Hier findest du eine grobe Übersicht, in welchen Lebensmitteln du überwiegend Kohlenhydrate, Fette oder Proteine findest.

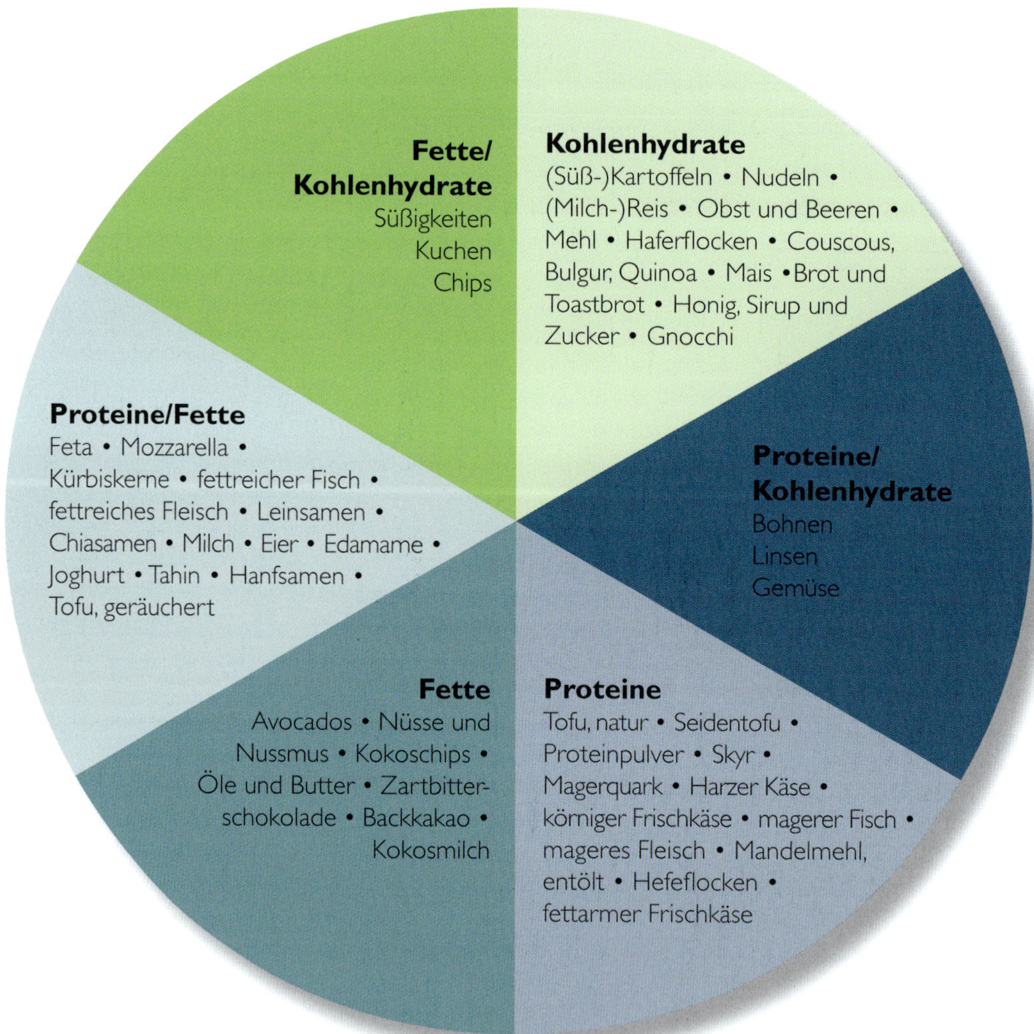

HEISSHUNGER – EIN HÄUFIGES PROBLEM

Starker Hunger oder sogar Heißhunger ist ein häufiges Problem, wenn wir abnehmen und uns wieder wohler in unserer Haut fühlen wollen. Gemein, oder? Da haben wir ein starkes Ziel vor Augen – und unser Körper macht einfach nicht richtig mit!

Deshalb gehe ich im Folgenden auf Heißhunger ein. Was sind die Ursachen? Wie gehen wir am besten damit um, um unser fürs Abnehmen benötigtes Kaloriendefizit bestmöglich zu realisieren? Es ist wichtig, zu verstehen, dass es nicht den einen Heißhunger gibt. Grob lässt er sich in zwei Kategorien einteilen:

1. Körperlicher Heißhunger
2. Psychischer Heißhunger

Es kann durchaus sein, dass sich für dich beides gleich anfühlt oder die Grenzen zwischen den beiden Kategorien verschwimmen.

Körperlicher Heißhunger ist häufig auf eine Fehlernährung zurückzuführen, einige Fehler gehen wir gleich durch. Es gibt aber noch andere Ursachen, zum Beispiel das prämenstruelle Syndrom. Vielleicht kennst du das, dass du kurz vor deiner Periode starken Hunger verspürst? Das liegt daran, dass sich dein Energieverbrauch in dieser Zeit tatsächlich leicht erhöht.

Mögliche Gründe für körperlichen Heißhunger

1. **Du isst zu viele fett-, zucker- und salzreiche Lebensmittel.**

Dazu zählen vor allem die stark verarbeiteten Lebensmittel wie Chips, Schokolade, Gummibärchen oder Salzstangen. Theoretisch kannst du dein Lieblingsbrötchen mit der himmlischen Nuss-Nougat-Creme weiter essen. Solange du in einem Kaloriendefizit bleibst, nimmst du ab. Zumindest theoretisch, denn da liegt das Problem. Rein praktisch kann diese Form der Ernährung der Ursprung für Heißhunger sein. Und das hat zwei Gründe:

- Lebensmittel, die überwiegend aus Fett und Zucker bestehen, lassen deinen Blutzuckerspiegel stark in die Höhe schießen. Je schneller dieser in die Höhe schießt, desto stärker fällt er auch wieder ab. Dieser starke Abfall kann Hunger auslösen. Es geht hier nicht darum, den Blutzuckerspiegel konstant zu halten, sondern darum, einen starken Anstieg und Abfall zu vermeiden. Ein leichter Anstieg ist sogar gut, da die Insulinausschüttung im zentralen Nervensystem für eine Sättigung sorgt. Keine Sorge: Du musst dich nicht Low Carb ernähren.

- Diese Lebensmittel lösen den Drang in uns aus, weiter zu essen. In Fachkreisen hört man hier den Begriff *high palatability* – wenn du nach zwei Chips das Gefühl hast, hungriger zu sein als vorher, ist es genau das, was ich hier meine. Das ist der Grund, weshalb es vielen so schwer fällt, nicht die gesamte Packung auf einmal aufzuessen. (Dass du es bislang nicht kannst, bedeutet aber nicht, dass du es nicht lernen kannst!)

2. **Du isst zu wenig ballaststoffreiche Lebensmittel.**

Ballaststoffreiche Lebensmittel sind ein echter Sättigungsbooster, da sie sogenannte Quellstoffe enthalten. Diese binden im Magen Wasser und sorgen so dafür, dass sich der Magen mehr ausdehnen muss. Eine größere Magendehnung bedeutet eine bessere Sättigung, was den Heißhunger ausschaltet. Zudem sorgen Ballaststoffe dafür, dass der Blutzuckerspiegel nicht so schnell in die Höhe schießt.

Wenn du mehr Ballaststoffe in deine Ernährung einbauen möchtest, dann empfehle ich dir vor allem Hülsenfrüchte, Beeren, Gemüse und Haferflocken.

3. **Du isst zu wenig.**

Leider sind 800-Kalorien-Diäten immer noch häufig im Umlauf. Wenn du so wenige Kalorien zu dir nimmst, kannst du noch so viele Ballaststoffe, Proteine und Co. essen: Es ist schlichtweg zu wenig. Du gibst deinem inneren Palast nicht einmal genug für die Versorgung deiner Organe. Natürlich reagiert er hier mit Heißhunger.

Es hat einen guten Grund, warum solche Crash-Diäten nur mit ärztlicher Betreuung sowie zeitlich begrenzt durchgeführt werden dürfen. Sie sind für die meisten nicht hilfreich, und die Abbruchrate ist enorm. Häufig reagiert der Körper mit dem gefürchteten Jo-Jo-Effekt: Es kann also sein, dass du nach einer stark kalorienreduzierten Diät deinen Heißhunger nicht mehr kontrollieren kannst und später mehr wiegst als vorher. Das hat rein gar nichts mit mangelnder Willenskraft zu tun, sondern ist eine simple körperliche Reaktion.

Aus diesem Grund ist es auch nicht clever, »einfach so wenig wie möglich« zu essen.

4. **Du trinkst zu wenig Wasser.**

Solltest du 2 bis 3 Liter Saft am Tag trinken, nimmst du zu viel Zucker auf, was durch den starken Anstieg des Blutzuckerspiegels ebenfalls Heißhunger (trotz der vielen Kalorien!) auslösen könnte.

Häufig ist es aber so, dass wir zu wenig Wasser oder ungesüßten Tee trinken. Wasser ist ein essenzieller Bestandteil unseres Körpers, ohne den fast nichts läuft. Wenn du zu wenig trinkst, sendet dein Körper dir Signale, die mit Hunger verwechselt werden können. Probiere daher, mindestens 1,5 Liter Wasser oder ungesüßten Tee in deinen Alltag einzubauen. Vielen hilft es, sogar 2,5 Liter am Tag zu trinken. Mir hilft es, immer ein Getränk in Sichtweite zu haben.

Bedenke aber, dass Wassermangel nur *ein* Grund ist, weshalb du Heißhunger verspüren könntest. Wenn du bereits genug trinkst und immer noch Hunger hast, ist noch mehr trinken nicht die Lösung.

Mögliche Gründe für psychischen Heißhunger

Ich habe eine spannende Aufgabe für dich: Schreibe eine Woche lang ein Ernährungstagebuch. Nicht mit einer Kalorienzähl-App, sondern mit folgenden Fragen:

- Wann habe ich gegessen?
- Was habe ich gegessen?
- Warum habe ich gegessen?
- Wie habe ich gegessen?
- Wie habe ich mich danach gefühlt?

Wenn du ein solches Ernährungstagebuch schreibst, wirst du schnell feststellen, dass wahrer Hunger selten der Grund ist, warum du zu Essen greifst. Kein Wunder: Wir leben in einem reichen Land und haben den großen Luxus, dass schmackhafte Nahrung schnell verfügbar ist.

Psychischer Heißhunger fühlt sich oft wie wahrer Hunger an. Das liegt daran, dass sich unser Körper mit der Zeit auf Essen vorbereitet, wenn wir in bestimmten Situationen gewohnheitsmäßig essen. So sinkt der Blutzuckerspiegel bereits vor der eigentlichen Nahrungsaufnahme, was Hunger auslöst.

1. **Du hast in der Vergangenheit oft gegessen, um mit einem überfordernden Gefühl umzugehen.**

Wir können essen, was, wann und warum wir wollen. Kombiniert mit der Tatsache, dass industrielle Nahrung unser Belohnungszentrum anspricht, ist es verständlich, dass es uns schwerfällt, *nicht* aus Traurigkeit, Einsamkeit, Freude oder einem Belohnungsgedanken heraus zu essen. Das Gefühl, das uns dieses Essen vermittelt, fehlt, wenn wir die Ernährung umstellen. Plötzlich fallen alte Bewältigungsstrategien weg, die uns normalerweise helfen, mit überfordernden Gefühlen klarzukommen. Zudem kennt wohl jede von uns das bedrückende Gefühl, in einer Gruppe als Einzige etwas nicht zu tun, nicht zu essen oder nicht zu trinken.

2. **Du verbindest bestimmte Situationen automatisch mit Essen.**

Viele Situationen verleiten uns zum Essen, obwohl wir gar keinen körperlichen Hunger haben. Wir alle verbinden Kinobesuche mit einer Tüte Popcorn. Und wenn wir schon mal dabei sind, essen wir natürlich die ganze Tüte auf! Aber ist Popcorn überhaupt notwendig, um einen Film wirklich genießen zu können? Eigentlich wissen wir, dass das nicht stimmt. Trotzdem ist die Verknüpfung im Kopf da. Diese macht es uns schwer, eben kein Popcorn zu kaufen, wenn wir das nächste Mal ins Kino gehen. Dann ist da noch dieser herrliche Duft im Kino …

Ich bin mir sicher: Der erste Schritt ist es, anzuerkennen und zu akzeptieren, dass wir gefühlsgesteuerte Wesen sind. Ja, Essen bereitet Freude. Ja, Essen ist schön, auch wenn wir eigentlich keinen Hunger haben.

Akzeptanz bedeutet allerdings nicht, sich der Situation einfach auszuliefern. Im Gegenteil: Erst wenn wir den Tatsachen ehrlich ins Auge blicken, können wir uns fragen, ob wir diesen Weg weiter gehen wollen oder zugunsten eines anderen Ziels mit alten Gewohnheiten brechen wollen.

Mit diesen zu brechen ist nicht leicht, da es sich oft völlig falsch anfühlt. Erschwerend kommt hinzu, dass wir allein vom Anblick oder Duft einer leckeren Mahlzeit Hunger bekommen können. Außerdem kann sich Hunger nach der Uhrzeit richten: Wenn du zum Beispiel dein Mittagessen immer um 13 Uhr isst, wird dein Magen immer um 13 Uhr knurren, auch wenn du mal keine Mahlzeit parat hast.

3. Manchmal scheint es sich »so zu gehören«, mehr zu essen.

In einem meiner Abnehmkurse bat mich eine Teilnehmerin um Hilfe. Sie hatte eine Einladung in ein Restaurant erhalten und war sich unsicher, wie sie sich verhalten sollte. Einerseits wollte sie ihr Abnehmziel weiter verfolgen, und ein Restaurantbesuch mit all dem fettigen Essen wäre dem nicht gerade dienlich gewesen. Auf der anderen Seite wollte sie (verständlicherweise) nicht alleine zu Hause bleiben.

Ich habe ihr geraten, sich erst einmal ein kleineres Gericht als gewohnt zu bestellen. Wenn sie danach noch Hunger haben sollte, könne sie sich immer noch etwas nachbestellen.

Eine Woche später erzählte sie mir freudig, dass sie nach der Vorspeise tatsachlich schon satt war und nun stolz auf sich ist, auf ihr Hungergefühl gehört zu haben und nicht aus Gewohnheit mehr gegessen zu haben. Das mag erst einmal verrückt klingen: *Nur* eine Vorspeise im Restaurant? Gehört sich das überhaupt? Aber wenn der Hunger nicht groß ist, warum eigentlich nicht? Nicht jeder muss eine 1500-Kalorien-Mahlzeit verdrücken, nur weil es sich »eben so gehört«. Und wer bestimmt eigentlich, was eine Vorspeise und was eine Hauptspeise ist?

AUF DAS HUNGERGEFÜHL HÖREN LERNEN

Für manche ist es selbstverständlich, für viele andere jedoch nicht: auf das eigene Hungergefühl zu hören und zu vertrauen. Vielleicht fühlst du dich ständig hungrig und befürchtest, immer weiter zuzunehmen, wenn du dich nicht zügelst.

Wann unser Körper Hunger und wann Sättigung signalisiert, ist sehr komplex und von vielen Faktoren abhängig. Das Gute daran ist, dass du viele dieser Faktoren selbst beeinflussen kannst. Deshalb rate ich dir: Lerne, auf dein Hungergefühl zu hören, da du dein ganzes Leben davon profitieren wirst und die ewigen Diäten so endlich ein Ende haben können.

Nachfolgend findest du einige Anregungen, wie du das wieder erlernen kannst:

1. **Iss klüger und nicht weniger.**

Das wird dich vermutlich nicht mehr wundern, dennoch möchte ich es an dieser Stelle nochmals betonen. Magendehnung und Blutzuckerspiegel sind die zwei größten Einflussfaktoren, wenn es um Sättigung geht. Diese sind von der tatsächlichen Energiemenge, die du zu dir nimmst, unabhängig. Das bedeutet, dass dich eine 1000-Kalorien-Mahlzeit genauso stark sättigen kann wie eine 600-Kalorien-Mahlzeit.

2. **Wann und wie oft du isst, ist zweitrangig.**

Zu welcher Uhrzeit sollte ich essen? Muss ich ein Zeitfenster fasten, und wenn ja, wie lange? Diese Fragen bekomme ich häufig gestellt. Meine Antwort darauf ist: Gestalte es so, wie es für dich passt. Hier gibt es kein richtig oder falsch. Solltest du allerdings Probleme beim Einschlafen haben oder sollte dein Schlaf nicht erholsam sein, kann ich dir empfehlen, 3–4 Stunden vor dem Schlafengehen nichts Mächtiges mehr zu essen. Damit ist übrigens der perfekte Übergang zum nächsten Punkt geschaffen:

3. **Schlafe ausreichend.**

Eine Studie hat ergeben, dass wir 20 Prozent mehr essen, wenn wir unausgeschlafen sind. Schlaf fördert den Hunger enorm und hat zudem viele negative Auswirkungen auf unser Wohlbefinden. Deshalb thematisiere ich Schlaf in einem gesonderten Kapitel (siehe S. 24) nochmals besonders.

4. **Sorge für ausreichend Bewegung.**

Hier spreche ich nicht von Ausdauersport, sondern von einfacher Bewegung: Fahrrad fahren, einen Spaziergang machen, die Treppe statt den Fahrstuhl nehmen oder Chef oder Chefin dazu überreden, im Büro einen Stehschreibtisch zu bekommen. Das klingt alles nach nicht viel, läppert sich aber über den Tag (und über die Wochen und Monate) gewaltig! Neben den gesundheitlichen Auswirkungen von Bewegung wird es dir so leichter fallen, auf dein Hungergefühl zu hören.

5. Meide häufiges Snacken.

Hier eine Banane, da einen Schokoriegel, dazwischen noch einen Joghurt? Ich lade dich dazu ein, häufiges Snacken zu unterbrechen. Nein, Snacks per se sind natürlich nicht schlimm! Doch sie verhindern oft, dass der richtige Hunger erst entstehen kann. Snacks sättigen nicht so gut wie eine richtige Mahlzeit, und die Kalorien summieren sich über den Tag. Wenn du lernen möchtest, wieder auf dein Hungergefühl zu hören, rate ich dir, mit dem Essen zu warten, bis du wirklich hungrig bist.

6. Vermeide Stress.

Dass uns Stress nicht gut tut, hast du mit Sicherheit bereits einige Male gehört. Doch wusstest du, dass sich Stress auch auf unser Hungerempfinden auswirkt? Das liegt daran, dass über die Nebennierenrinde Kortisol ausgeschüttet wird. Gerade Dauerstress ist hier ungünstig, da ein ständig hoher Kortisolspiegel dafür sorgt, dass das Gehirn weniger auf unser Sättigungshormon Leptin reagiert. Außerdem spielt dann unser Belohnungszentrum im Gehirn verrückt, sodass wir Essensreizen schlechter widerstehen können. Ganz nach dem Motto: Mir geht es gerade nicht gut, also brauche ich etwas zu essen.

Daher ist es sinnvoll, dir zu überlegen, welche Stressoren es in deinem Alltag gibt und auf welche davon du besonders sensibel reagierst.

DREI TRICKS AUS DER ERNÄHRUNGSPSYCHOLOGIE

»Man muss sich auch mal was gönnen!« Diesen Satz hast du bestimmt schon häufiger gehört oder sogar selbst gesagt, oder? Er zeigt, dass Essen viel mehr ist als ein Mittel, um den Hunger zu stillen: Schon in den ersten Lebensmonaten sorgt das Stillen für eine besondere Verbindung zwischen Mutter und Kind, und in manchen Kulturen werden Mahlzeiten regelrecht zelebriert.

Es gibt drei Tricks aus der Ernährungspsychologie, die du unbedingt kennen solltest und die ich dir an dieser Stelle zeige:

1. **Ein leerer Teller signalisiert uns, dass wir satt sind.**

In einem Experiment wurde Versuchsteilnehmern Tomatensuppe gegeben mit dem Auftrag, sich damit satt zu essen. Was sie nicht wussten: Die Hälfte der Schüsseln war mit einem unter dem Tisch installierten Schlauchsystem verbunden, das dafür sorgte, dass sich der Teller immer wieder auffüllte. Diejenigen, die eine Suppenschüssel ohne Boden erwischt hatten, aßen 73 Prozent mehr als die anderen, fühlten sich allerdings nicht satter.

Kommt dir das bekannt vor? Mir auf jeden Fall! Es ist ganz normal für uns, einen Teller leer zu essen und davon auszugehen, dass diese Menge genau die richtige für uns ist. Das kann dazu führen, dass wir uns unbewusst überessen.

Diesen Kreislauf zu durchbrechen ist nicht einfach. Nach meiner Erfahrung ist es am sinnvollsten, erst einmal eine kleinere Portion auf den Teller zu laden. Das fühlt sich anfangs ungewohnt und falsch an. Denke aber daran, dass es *nicht* ums Hungern geht. Wenn du dich nach der kleineren Portion noch hungrig fühlst, kannst du natürlich eine weitere Portion essen. Es geht hier vielmehr darum, *überessen* zu vermeiden.

2. **Essen beeinflusst unsere Stimmung wirklich. Nutze dies für dich!**

Nährstoffmängel können unseren Hormonhaushalt beeinflussen, der auf unsere Stimmung wirkt. Kannst du dich also so ernähren, dass du langfristig glücklicher wirst? Ja! Viele Nährstoffe wirken auf unsere Stimmung. Zwei Beispiele habe ich dir mitgebracht:

- Untersuchungen zeigen, dass die Entstehung von Depressionen mit einem Vitamin-D-Mangel zusammenhängen kann. In unseren Breitengraden können wir in den wärmeren Monaten durch die Mittagssonne Vitamin D selbst bilden. Der Spaziergang in der Mittagspause lohnt sich also allemal, zumal Sonnenschein an sich natürlich auch unsere Laune hebt! In den Wintermonaten leeren sich unsere Vitamin-D-Speicher zügig, weshalb hier eine Supplementierung sinnvoll sein kann. Mache am besten einen Bluttest bei deinem Arzt oder deiner Ärztin, um die richtige Dosierung für dich zu finden.

- Zink ist ein Spurenelement, bei dem man ebenfalls einen Einfluss auf die Stimmung vermutet. Wie genau das funktioniert, weiß man noch nicht. Allerdings lassen sich Korrelationen zwischen Depressionen und einem Zinkmangel finden; zudem hat man herausgefunden, dass eine gute Zinkversorgung in der Depressionstherapie unterstützend wirkt. Übrigens geht es hier lediglich darum, gut versorgt zu sein. So kann zu viel Zink nicht nur zu Übelkeit und Erbrechen führen, sondern steht auch wieder in einem höheren Zusammenhang mit der Entstehung von Depressionen. Sich also »einfach so« ein Supplement aus dem Internet zu bestellen kann kontraproduktiv wirken! Sinnvoller ist es hier, den Bedarf mit einer klugen Lebensmittelauswahl zu decken, den Status vom Arzt checken zu lassen und nur zu supplementieren, wenn es notwendig ist.

So viel zum Thema Nährstoffe! Mit einer allgemein gesunden Ernährung können wir also einiges für unsere Stimmungslage tun. Allerdings kann auch ein Stück Schokolade oder Pizza kurzfristige Glücksgefühle hervorrufen. Da können wir alle ein Lied von singen, oder? Das liegt daran, dass unser Belohnungszentrum auf eine bestimmte Zucker-Fett-Kombination anspringt. Es ist also erst einmal leicht, sich mit Süßigkeiten und Co. zu trösten oder zu belohnen. Allerdings hat die Sache einen Haken: Bei regelmäßigem Süßigkeitenkonsum scheint das Belohnungssystem nämlich nicht mehr so stark anzuspringen wie zuvor. Man muss die Dosis steigern, um nach wie vor Glücksgefühle zu verspüren. Das ist natürlich ungünstig, da es uns dazu verleitet, immer mehr zu essen, statt ein Stück Schokolade wirklich zu genießen.

Als wäre ein abgestumpftes Belohnungssystem noch nicht genug, erhöht sich die Belohnungssensitivität umso mehr: Das ist der Belohnungsreiz, den wir nicht während, sondern *vor* der Mahlzeit spüren. Wir denken, dass uns eine Süßigkeit gute Gefühle bringen wird, weshalb es uns entsprechend schwer fällt, sie nicht zu essen.

Wie löst man nun dieses Problemchen? Da gibt es mit Sicherheit nicht »den einen Weg«. Ich selbst komme super damit klar, gar keine Süßigkeiten zu Hause zu haben und stattdessen zu genießen, wenn Mama mir ihren selbstgebackenen Kuchen vorsetzt. Aus meiner Community bekomme ich zudem regelmäßig die Rückmeldung, dass es sehr hilft, Süßigkeiten oder Fast Food mit einer sättigenden Mahlzeit zu verbinden. So kannst du die Tiefkühlpizza mit Gemüsesticks aus dem Ofen und einem selbstgemachten Dip genießen oder eine Quarkbowl mit Schokolade und frischem Obst zubereiten. Verzicht ist für die allermeisten nicht der richtige Weg. Sage dir stattdessen: »Ich genieße meine liebste Süßigkeit zu einer bestimmten Zeit.«

3. Der *Scheißegal*-Effekt

Den Geschmack von neuen Keksen testen und bewerten. Das ist doch einfach, dachten sich sicherlich die Teilnehmer eines Experiments. Was sie nicht wussten: Niemand der Forscher interessierte sich dafür, ob der Keks lecker war oder nicht. Es ging vielmehr um das Essverhalten der Diäthaltenden und wie dieses sich von dem der restlichen Teilnehmer unterschied.

Die zu Beginn des Experiments hungrigen Versuchsteilnehmer wurden in drei Gruppen eingeteilt. Die erste Gruppe bekam vor den Keksen nichts zu essen, die zweite Gruppe einen kleinen und die dritte einen großen Milchshake. So wurde sichergestellt, dass einige der Teilnehmenden hungrig waren, einige leicht gesättigt und die dritte Gruppe wirklich satt war. Als man ihnen die Kekse zum Probieren gab, stellte man fest, dass einige mehr davon aßen als andere. Das klingt erst einmal nicht verblüffend. Immerhin waren ja auch einige zu Beginn des Experiments noch hungrig, oder? Überraschung: Das war nicht der Grund. Vielmehr aßen diejenigen unter den Teilnehmenden, die gerade eine Diät machten und den größten Milchshake bekommen hatten, die meisten Kekse.

Diesen Effekt nannten die Forscher offiziell »gegenregulierende Maßnahme«, bekannter wurde er allerdings unter seinem inoffiziellen Namen: *Scheißegal*-Effekt. Hier geht man davon aus, dass der große Milchshake die selbst auferlegten Regeln der Diäthaltenden durchkreuzt hatte. Dann ist es auch *scheißegal*, was man hinterher isst, oder nicht?

Wann immer du also darüber nachdenkst, zu viel gegessen zu haben, denke an diesen Effekt und lass dich nicht von deinen Gefühlen überwältigen. Lehne dich zurück, atme ein paar Mal tief ein und aus und entscheide, was du tust, wenn du wieder zur Ruhe gekommen bist.

WAS SCHLAF MIT DEINER ERNÄHRUNG ZU TUN HAT

Schlaf ist wichtig! Das haben wir mit Sicherheit alle schon mal gehört. Doch warum ist das eigentlich so?

Diese Frage hat sich eine große britische Schlafstudie gestellt. Die Ergebnisse sind erschreckend: So treten bei Menschen, die unter Schlafmangel leiden, siebenmal so häufig Gefühle von Einsamkeit und fünfmal so häufig Gefühle von Hilflosigkeit auf wie bei Ausgeschlafenen. Verrückt, oder? Außerdem haben wir unausgeschlafen doppelt so häufig Beziehungsprobleme, eine insgesamt schlechtere Stimmung und kämpfen mit Unmotiviertheit. Da scheint es einleuchtend, dass wir einfach nicht so viel Energie für eine sinnvolle Ernährungsumstellung aufwenden können.

Wer während des Abnehmens weniger schläft, verliert zwar laut Waage genauso viele Kilos wie Ausgeschlafene. Allerdings müssen wir hier genauer hinschauen, denn der Verlust kommt bei Unausgeschlafenen häufiger durch die fettfreie Masse zustande, also zum Beispiel durch wertvolle Muskelmasse.

Darf ich noch einen draufsetzen? Schlafentzug fördert zusätzlich den Hunger. Man vermutet, dass dieser Effekt bei Abnehmenden noch signifikanter ist, da das Belohnungszentrum in unserem Gehirn gleich doppelt anspringt und wir noch mehr Heißhunger auf Süßigkeiten, Burger und Co. verspüren.

Auch unsere Hormone kommen durcheinander: Schlafentzug scheint unsere Ghrelin-Konzentration (also unser »Hungerhormon«) zu steigern, während die Konzentration unseres »Sättigungshormons« Leptin durcheinanderkommt. Konkret hat eine Studie herausgefunden, dass die tägliche Kalorienaufnahme bei Unausgeschlafenen um 20 Prozent nach oben geht. Wenn wir davon ausgehen, dass dein täglicher Energiebedarf bei 2000 kcal liegt, bedeutet das, dass du unausgeschlafen 400 kcal mehr isst, was eine Gewichtszunahme von 2 kg pro Monat bedeutet.

Ganz schön viel, was da im Körper passiert, wenn wir wenig schlafen, oder?

Ich hoffe, ich konnte dir verdeutlichen, wie wichtig Schlaf ist. Es lohnt sich sehr, die spannende Serie abends früher auszuschalten, um besser zu schlummern. Es zeigt aber auch, wie stark einige Lebenssituationen das Abnehmen erschweren können, zum Beispiel wenn ein Baby da ist oder du in wechselnden Schichten arbeiten musst. Wenn es bei dir mit dem Schlaf nicht so recht klappen mag, dann hole dir auf jeden Fall ärztliche Hilfe.

Das Schöne ist: Es gibt vieles, das du für einen erholsamen Schlaf und einen ausgeruhten Tag tun kannst. Hier habe ich dir ein paar Ideen mitgebracht:

1. **Sorge schon tagsüber für guten Schlaf.**

Das geht am besten, wenn du dich an der frischen Luft bewegst. Nutze die Mittagspause, um für 20 Minuten spazieren zu gehen, oder fahre mit dem Fahrrad zur Arbeit. Wenn wir tagsüber zu viel sitzen, sind wir abends körperlich nicht genug ausgepowert, um in den Schlaf zu finden. Zudem sorgt Bewegung dafür, dass Adenosin ausgeschüttet wird: Dieses Hormon sorgt dafür, dass wir müde werden. Auch die Ausschüttung von Noradrenalin, das uns länger wach hält, wird durch Sport und Bewegung gehemmt.

2. Vermeide Störfaktoren vor dem Schlafengehen.

Das blaue Licht von technischen Geräten hemmt die Bildung von Melatonin, das wir für einen guten Schlaf brauchen. Schalte daher mindestens 1–2 Stunden vor dem Schlafengehen Handy, Laptop sowie Fernseher aus. Auch Kaffee, Alkohol und Nikotin können unseren Schlaf stören. Ich persönlich habe die Erfahrung gemacht, dass ich besser schlafe, wenn ich nach 15 Uhr keinen Kaffee mehr trinke.

3. Finde ein Schlafritual.

Viele von uns haben Probleme damit, dass wir abends noch viel zu lange am Handy kleben. Wenn wir es dann weglegen, wissen wir gar nicht so recht, was wir stattdessen tun sollen. Dabei gibt es so einiges. Ein Schlafritual zu finden kann hier helfen! Wenn du jeden Abend eine bestimmte Reihenfolge wie Lüften, Zähneputzen etc. einhältst, stellt sich dein Körper darauf ein, dass es gleich an der Zeit ist zu schlafen. In dein abendliches Ritual kannst du natürlich einbauen, was du magst: Tagebuch schreiben, meditieren, einen kurzen Spaziergang machen oder ein leichtes Buch lesen.

4. Bereite den Schlafraum vor.

Wenn es dunkel, ruhig und kühl ist, kannst du am besten einschlafen. Deshalb lohnt es sich, dein Schlafzimmer vor dem Schlafengehen für 5 Minuten zu lüften und im Anschluss die Rollläden komplett herunterzulassen. Solltest du deinen Raum nicht vollständig abdunkeln können, lohnt sich eine Schlafbrille. Übrigens bin ich immer wieder erstaunt, wie viele es für selbstverständlich halten, im Schlafzimmer einen Fernseher zu haben. Nein, der gehört ins Wohnzimmer! Verbinde dein Schlafzimmer unbedingt mit dem Schlafen und nach Möglichkeit mit nichts anderem. Wenn du im Bett fernsiehst, verbindet dein Gehirn das Bett mit Spannung und Action, was wirklich blöd zum Schlafen ist.

5. Nutze Hilfsmittel.

Hast du schon einmal deine Magnesiumwerte checken lassen? Ein Mangel kann für unruhigen Schlaf sorgen, weshalb sich hier eine Supplementierung sowie eine magnesiumreiche Ernährung lohnen. Du findest das Mineral zum Beispiel in Hülsenfrüchten, grünem Gemüse, Kürbiskernen, Chiasamen oder Nüssen.

Wenn dich Gerüche interessieren, dann probiere es einmal mit Lavendel. Gib 2–3 Tropfen in einen Raumdiffusor oder auf dein Kopfkissen. Lavendel wirkt beruhigend und kann dich beim Einschlafen unterstützen.

Nicht nur das Einschlafen, auch das Aufwachen ist wichtig für einen guten Schlaf. Vielleicht sind Tageslichtwecker etwas für dich? Diese strahlen bereits 15–45 Minuten vor dem eigentlichen Klingeln ein immer stärker werdendes Licht aus, sodass du sanft durch die Helligkeit geweckt wirst. Einige dieser Wecker bieten zusätzlich eine Einschlaffunktion: Meiner beispielsweise taucht das Schlafzimmer abends für 30 Minuten in immer rötlicher werdendes Licht, während er sanftes Meeresrauschen abspielt. Das finde ich sehr erholsam!

WIE DU DEINEN STOFFWECHSEL WIRKLICH ANKURBELST

Den Stoffwechsel ankurbeln, um abzunehmen: Ist das ein grandioser Trick oder doch ein ausgeleiertes Versprechen diverser Marketingunternehmen? Wie so häufig liegt die Wahrheit irgendwo in der goldenen Mitte.

Zunächst müssen wir verstehen, was der Stoffwechsel überhaupt ist und wie er sich beeinflussen lässt, damit wir nachvollziehen können, inwiefern er beeinflussbar ist. Keine Sorge, das ist nicht kompliziert! Einfach gesagt setzt er sich aus allen chemischen Umwandlungsprozessen im Körper zusammen. Der Körper benötigt Energie, um alle Funktionen aufrechtzuerhalten, aber auch Baustoffe, um Zellen und Gewebe zu erneuern. Dein Stoffwechsel sorgt also dafür, dass deine Organe einwandfrei funktionieren können und du den kleinen Finger heben kannst.

Ein angekurbelter Stoffwechsel bedeutet demnach, dass du *irgendwie* mehr Energie verbrauchst. Zu diesem Zweck werden oft bestimmte Stoffe wie Chili oder Kaffee angepriesen, die im Endeffekt aber viel weniger bewirken als gewünscht. Dennoch will ich dir die Hoffnung nicht nehmen. Im Gegenteil! Den Stoffwechsel zu pushen ist eine super smarte Idee, doch müssen wir es richtig umsetzen.

Der Stoffwechsel ist von mehreren Faktoren abhängig. Gehen wir drei wichtige durch:

1. Der Grundumsatz

Selbst wenn du bettlägerig wärst, bräuchte dein Körper Energie, um lebenswichtige Organe wie dein Herz oder dein Gehirn zu versorgen. Immerhin sind Zellen fleißige Bienchen, die immer arbeiten!

Wie hoch der individuelle Grundumsatz ausfällt, ist von verschiedenen Faktoren abhängig. So haben Männer grundsätzlich einen höheren Grundumsatz als Frauen. Auch das Alter ist wichtig, da sich der Stoffwechsel mit den Jahren verlangsamt. An diesen beiden Faktoren können wir nichts ändern. Beeinflussen können wir allerdings unseren Körperbau: Wer mehr (stoffwechselaktive) Muskelmasse hat, profitiert im Grundumsatz deutlich. Also ran an die Gewichte, das gilt auch für Frauen! Interessant ist außerdem die Hormonlage: Die Schilddrüse ist ein wichtiges Organ, das den Energiestoffwechsel beeinflusst. Durch eine Unterfunktion werden die Hormone T3 und T4, die Stoffwechselprozesse anregen und unsere Körpertemperatur regulieren, in geringeren Mengen gebildet. Wenn du eine Schilddrüsenunterfunktion hast, lohnt es sich daher, diese zu behandeln, um deinen Stoffwechsel anzuregen.

2. Sportliche Aktivitäten

Sport kurbelt natürlich den Stoffwechsel an! Wie sehr, ist von der Art und Intensität des Sports sowie von deinem Körperbau abhängig. Eine halbe Stunde auf dem Crosstrainer verbraucht zum Beispiel ca. 200 kcal.

3. Sonstige Bewegungen

Dieser stark unterschätzte Effekt ist auch bekannt unter dem Namen NEAT – *Non-Exercise Activity Thermogenesis* – und bezeichnet alle über den Tag verteilten Bewegungen, die nicht zu Sport zählen. Dazu gehören beispielsweise stehen statt sitzen, spazieren gehen, hibbelig durch die Wohnung laufen und vor dem Herd stehen und kochen.

Gehen wir an dieser Stelle ein Rechenbeispiel durch: Nehmen wir an, du hast einen Bürojob, und dein täglicher Energiebedarf liegt bei 1800 kcal. Nun hast du keine Lust mehr auf den Job. Der Chef ist blöd, und vom ganzen Sitzen bekommst du Rückenschmerzen. Stattdessen nimmst du eine neue Arbeitsstelle als Lehrerin an und stehst den ganzen Tag vor einer Klasse, um Schülern etwas über Gedichtanalyse beizubringen. Allein dieser Wechsel von einem sitzenden zu einem stehenden Job würde deinen Energiebedarf auf ca. 2200 kcal steigern. Ändert sich nichts an deiner Ernährung, sorgt diese tägliche Differenz von 400 kcal rein rechnerisch für einen Gewichtsverlust von 15–20 kg in einem Jahr. Enorm, oder? Dagegen kann man kaum joggen! Jemand mit einem stehenden Beruf hat einen höheren Energiebedarf (= einen schnelleren Stoffwechsel) als jemand, der den ganzen Tag sitzt und dreimal pro Woche 1,5 Stunden Krafttraining macht.

Das Schöne ist, dass du Alltagsbewegung quasi nebenbei einbauen kannst, und außerdem ist die Überwindung nicht so groß wie beim Sport. So lohnt es sich beispielsweise sehr, einen Stehschreibtisch zu kaufen, regelmäßig spazieren zu gehen oder eine Haltestelle früher auszusteigen. Was auch immer in deinen Alltag passt: Hier ist deine Einladung, dich mehr zu bewegen! Das ist die effektivste Möglichkeit, um deinen Stoffwechsel anzukurbeln.

FRÜHSTÜCK

Erdbeer-Vanille-Protein-Bowl

NÄHRWERTE PRO PORTION: 382 KCAL, 17 G KH, 36 G P, 17 G F

Ca. 10 Minuten
Für 1 Portion

FÜR DEN SMOOTHIE:
150 g frische oder TK-Erdbeeren
250 g Seidentofu (oder Speisequark 20 % Fett)
20 g Vanille-Proteinpulver
optional: 1 EL Zuckerersatz, z.B. Erythrit

FÜR DAS TOPPING:
10 g Kokosflocken
1 TL Leinsamen
1 EL Blaubeeren

1. Falls du tiefgekühlte Erdbeeren verwendest, vorher auftauen. Frische Erdbeeren waschen und entstielen.

2. Alle Zutaten für den Smoothie in einem Mixer zu einer cremigen Masse pürieren.

3. Den Smoothie in eine Schüssel umfüllen und mit Kokosflocken, Leinsamen und gewaschenen Blaubeeren bestreut servieren.

»Iss klüger, nicht weniger«-Milchreis

NÄHRWERTE PRO PORTION: 286 KCAL, 42 G KH, 18 G P, 5 G F

Ca. 40 Minuten
Für 2 Portionen

70 g Milchreis
250 ml Milch (1,5 % Fett; oder Haferdrink o.Ä.)
200 g Skyr
1 Handvoll frische Blaubeeren (oder Kirschen, Erdbeeren …)
2 TL geraspelte Zartbitterschokolade

1. Den Milchreis nach Packungsangabe in einem Topf mit der Milch kochen. Dann abkühlen lassen.

2. Abgekühlten Milchreis in einer Schüssel mit dem Skyr verrühren.

3. Die Blaubeeren waschen, entstielen und klein schneiden.

4. Den Milchreis auf Schüsseln verteilen und mit Schokoladenraspeln und Erdbeeren garnieren.

Wer mag, kann noch etwas nachsüßen und Milchreis-Gewürz oder Ähnliches verwenden.
Wenn du ein Meal-Prep-Freund bist, bereite gleich die vierfache Menge zu, also mit 1 l Milch und 280 g Milchreis. Dann hast du für die nächsten Tage ausreichend Vorrat.

Schokoladenbowl

NÄHRWERTE PRO PORTION: 466 KCAL, KH 46 G, P 27 G, F 15 G

Ca. 10 Minuten
Für 1 Portion

FÜR DEN SMOOTHIE:

1 Banane (möglichst reif mit braunen Punkten)
1 TL Backkakao
10 g Zartbitterschokolade (85 % Kakaoanteil)
1 TL Erythrit
60 g TK-Mango
150 g Magerquark

FÜR DAS TOPPING:

1 EL Haferflocken
50 g Himbeeren
15 g Zartbitterschokolade (85 % Kakaoanteil)

1. Banane schälen und mit den restlichen Zutaten für den Smoothie im Mixer zu einer cremigen Masse pürieren.

2. Masse in eine Schüssel umfüllen und mit Haferflocken, gewaschenen Himbeeren und geraspelter Schokolade garnieren.

Eines meiner persönlichen Laster ist es, dass ich jeden Tag etwas Schokoladiges brauche … Obwohl, ist das überhaupt ein Laster? Immerhin gibt es Tausende Wege, um Schokolade in eine gesunde Ernährung zu integrieren. Diese Schoko-Bowl ist ein leckeres Beispiel dafür.

Vanille-Protein-Waffeln

NÄHRWERTE PRO WAFFEL: 187 KCAL, 17 G KH, 15 G P, 6 G F

Ca. 35 Minuten
Für 10 Waffeln

4 Bananen (ca. 400 g)
150 g Dinkelvollkornmehl
100 g Vanille-Proteinpulver
300 ml Wasser
6 Eier (Größe M)
1 EL Öl
Puderzucker (nach Belieben)

1. Die Bananen schälen und in einer Schüssel mit der Gabel zu Brei zerdrücken.

2. Alle restlichen Zutaten (bis auf das Öl) zugeben und gut vermischen.

3. Ein Waffeleisen anheizen, mit Öl ausstreichen und nacheinander aus dem Teig 10 Waffeln darin backen.

4. Nach Belieben mit Puderzucker bestreuen und servieren.

Solltest du kein Proteinpulver zu Hause haben, kannst du alternativ dieselbe Menge an Mehl oder gemahlenen Haferflocken verwenden. Füge dem Rezept dann noch gemahlene Bourbon-Vanille und optional etwas Süßungsmittel hinzu!

Quarkbrötchen

NÄHRWERTE PRO BRÖTCHEN: 194 KCAL, 35 G KH, 10 G P, 3 G F

Ca. 35 Minuten Arbeitszeit
20 Minuten Backzeit
Für 10 Brötchen

200 g Weizenmehl (Type 405)
200 g Dinkelvollkornmehl
50 g Zuckerersatz, z.B. 25 g Xylit und 25 g Erythrit
1 Pck. Backpulver
1 EL Vanille-Proteinpulver oder 1 Pck. Vanillezucker (nach Belieben)
250 g Speisequark (20 % Fett)
300 ml Milch (3,8 % Fett)

1. Den Backofen auf 180 °C Ober-/Unterhitze vorheizen.

2. Alle trockenen Zutaten in einer Schüssel vermengen und dann nach und nach Quark und Milch unterrühren. Achtung, der Teig wird super klebrig, aber keine Sorge, das ergibt herrlich fluffige Brötchen.

3. Pro Brötchen etwa 1 ½ EL Teig abnehmen und auf ein mit Backpapier ausgelegtes Backblech setzen. Vorgang wiederholen, bis der Teig aufgebraucht ist.

4. Brötchen 20 Minuten im Ofen backen, herausnehmen und gut auskühlen lassen.

Nachmachen sehr, sehr, SEHR empfohlen! Die Brötchen sind auch am zweiten Tag noch schön fluffig, für eine längere Aufbewahrung würde ich sie einfrieren.
Die Brötchen sättigen sehr gut im Vergleich zu »normalen« Brötchen. Lass dich also nicht von der höheren kcal-Zahl abschrecken, hier hast du definitiv mehr von einem Brötchen.

Overnight Oats in zwei Variationen

KIWI-VARIANTE: NÄHRWERTE PRO PORTION: 371 KCAL, 41 G KH, 15 G P, 14 G F
BEEREN-VARIANTE: NÄHRWERTE PRO PORTION: 401 KCAL, 47 G KH, 14 G P, 15 G F

Ca. 10 Minuten
Für 1 Portion

40 g zarte Haferflocken
200 g Joghurt (1,5 % Fett)

FÜR DIE KIWI-VARIANTE:
1 Kiwi
1 TL Haselnussmus
(oder 1 EL Haselnusskerne)
1 TL Leinsamen

FÜR DIE BEEREN-VARIANTE:
20 g Zartbitterschokolade
(70 % Kakaoanteil)
100 g TK-Beerenmix
gemahlene Bourbon-Vanille

1. Die Haferflocken in einer Schüssel mit dem Joghurt vermischen. Am besten über Nacht in den Kühlschrank stellen, damit die Masse cremiger und auch etwas süßer wird.

2. Je nach gewählter Variante die Kiwi klein schneiden oder die Zartbitterschokolade in Stücke brechen. Die Overnight Oats mit dem Topping nach Wahl garnieren.

Bei Bio-Kiwis kannst du die Schale mitessen, wenn du sie gut abgewaschen hast – probiere es mal aus!

Apfel-Pancakes

NÄHRWERTE PRO PORTION: 421 KCAL, 50 G KH, 25 G P, 17 G F

Ca. 20 Minuten
Für 1 Portion/ ca. 6 Pancakes

1 Apfel
1 EL Haferflocken
2 EL entöltes Mandelmehl
2 Eier (Größe M)
1 Msp. gemahlener Zimt
2 EL Zuckerersatz, z.B. 1 EL Xylit und 1 EL Erythrit
Öl zum Braten

1. Den Apfel waschen, entkernen und mitsamt Schale mit einer Gemüsereibe in eine Schüssel raspeln.

2. Die restlichen Zutaten mit dem Apfel zu einem Pfannkuchenteig verrühren.

3. Öl in einer Pfanne erhitzen und pro Pancake 1 gehäuften EL Teig in die Pfanne geben und dünn ausstreichen. Pancakes bei mittlerer Hitze von beiden Seiten goldbraun backen, dabei die Pfanne mit einem Deckel verschließen.

Du kannst nach Belieben etwas Joghurt und Apfelwürfel dazu servieren.
Wer keine Äpfel mag, kann diese Pancakes auch mit einer Banane statt einem Apfel zubereiten. Hierfür einfach die Banane schälen und mit einer Gabel zerdrücken.

Blaubeer-Smoothie-Bowl

NÄHRWERTE PRO PORTION: 480 KCAL, 40G KH, 21G P, 23G F

Ca. 10 Minuten
Für 1 Portion

FÜR DEN SMOOTHIE:
150 g TK-Blaubeeren
100 g TK-Mango
175 g Seidentofu (oder Speisequark 20 % Fett bzw. Skyr)
2 Datteln, entsteint (oder 10 g Süßungsmittel)

FÜR DAS TOPPING:
10 g Zartbitterschokolade
1 Paranuss
1 TL geschrotete Leinsamen
1 TL Hanfsamen
1 TL Mandelmus

1. Blaubeeren und Mango nach Belieben etwas auftauen lassen.

2. Alle Zutaten für die Bowl im Mixer pürieren. (Wenn du Datteln verwendest, benötigst du ein leistungsstarkes Gerät.) Die Masse in eine Schüssel umfüllen.

3. Für das Topping die Zartbitterschokolade grob zerbrechen und die Paranuss vierteln. Die Bowl mit allen Toppingzutaten belegen.

Fluffige Frühstückspizza

NÄHRWERTE PRO PIZZA: 585 KCAL, 51 G KH, 36 G P, 30 G F

Ca. 25 Minuten Arbeitszeit
15 Minuten Backzeit
Für 1 Pizza

FÜR DEN BODEN:

2 Eier (Größe M)
20 g Zuckerersatz, z.B. 10 g Xylit und 10 g Erythrit
10 g geschmacksneutrales Proteinpulver (oder 10 g mehr Mehl)
10 g Weizenvollkornmehl

FÜR DAS TOPPING:

1 Orange
150 g Joghurt (3,8 % Fett)
15 g Walnusskerne
Zimt (nach Belieben)

1. Den Backofen auf 175 °C Umluft vorheizen.

2. Eier trennen. Das Eiweiß in einer Schüssel mit dem Handmixer steif schlagen.

3. In einer zweiten Schüssel den Zuckerersatz mit dem Eigelb verrühren. In einer weiteren Schüssel Proteinpulver und Mehl vermischen. Beides nach und nach vorsichtig unter das Eiweiß heben.

4. Aus dem Teig auf einem mit Backpapier belegten Blech einen Kreis formen und 15 Minuten im Ofen backen.

5. Den fertigen Teig mit Backpapier vom Blech nehmen und umgedreht auf einen Teller geben. Ein feuchtes Tuch auf das Backpapier legen und den Teig auskühlen lassen.

6. Währenddessen die Orange schälen und in Scheiben schneiden.

7. Das Backpapier vorsichtig vom Teig abziehen, die Pizza mit Joghurt bestreichen und mit Orange und Walnüssen belegen.

Kokos-Chia-Pudding

NÄHRWERTE PRO PORTION: 334 KCAL, 18 G KH, 9 G P, 21 G F

Ca. 5 Minuten Arbeitszeit
Mind. 4 Stunden Quellzeit
Für 1 Portion

150 g Kokosjoghurt
100 ml Kokosdrink
2 EL Chiasamen (ca. 20 g)
1 TL Vanille-Proteinpulver (nach Belieben)
1 Handvoll Blaubeeren
1 EL Kokoschips (ca. 10 g)

1. Kokosjoghurt, Kokosdrink, Chiasamen und Proteinpulver in einer Schüssel gut verrühren. Schüssel mindestens 4 Stunden in den Kühlschrank stellen, damit die Chiasamen quellen können.

2. Die Blaubeeren waschen. Sobald die Masse cremig ist, den Pudding mit Kokoschips und Blaubeeren garnieren und servieren.

DIETITIAN SAYS:
IT MAY BE HEALT
TO HAVE PIZZA
THAN CEREAL FOR BR
Friday 16 March 2018
100% BIODEGRADABLE
100% ECO FRIENDLY

Last-Minute-Porridge

NÄHRWERTE PRO PORTION: 451 KCAL, 53 G KH, 22 G P, 14 G F

Ca. 5–10 Minuten
Für 1 Portion

170 ml Wasser
55 g zarte Haferflocken
15 g Schoko-Proteinpulver
½ Banane
2 EL Sauerkirschen aus dem Glas
1 EL Kokosflocken
1 EL Leinsamen

1. Das Wasser im Wasserkocher aufkochen.

2. Die Haferflocken in einer Schüssel mit dem Schoko-Proteinpulver vermischen und das heiße Wasser darübergießen.

3. Die Banane schälen und in Scheiben schneiden.

4. Porridge mit Banane, Kirschen, Kokosflocken sowie Leinsamen garnieren.

SUPPEN UND SALATE

Proteinsalat

NÄHRWERTE PRO PORTION: 404 KCAL, 35 G KH, 36 G P, 10 G F

Ca. 10 Minuten
Für 1 Portion

1 Vollkorntoast
1 Handvoll Rucola
2 große Karotten
200 g körniger Frischkäse
1 EL Kürbiskerne
3 EL Kräuteressig
3 EL frisch gehackte Petersilie
2 EL frisch gepresster Zitronensaft
Salz, Pfeffer

1. Den Toast im Toaster rösten und in Würfel schneiden.

2. Den Rucola waschen und verlesen. Die Karotten schälen, putzen und mit einer Gemüsereibe in eine Schüssel raspeln.

3. Die restlichen Zutaten (bis auf den Toast) zugeben und gut vermengen. Salat mit Toastwürfeln garnieren.

Herbstsalat

NÄHRWERTE PRO PORTION: 469 KCAL, 45 G KH, 15 G P, 23 G F

Ca. 10 Minuten
Für 1 Portion

200 g Karotten
2 Pflaumen
1 EL Walnusskerne
1 EL Honig
50 g Feta (Vollfett)
1 Handvoll Feldsalat
1 EL Balsamico-Essig

1. Die Karotten schälen, putzen und mit einer Gemüsereibe in eine Schüssel raspeln.

2. Die Pflaumen waschen, entkernen und in Würfel schneiden. Mit den Walnüssen und dem Honig in einer kleinen Pfanne 2–3 Minuten garen.

3. Den Feta in Würfel schneiden. Den Feldsalat waschen und verlesen.

4. Alle Zutaten zu den Karotten geben und gut vermischen. Fertig!

Fünf-Zutaten-Proteinsalat

NÄHRWERTE PRO PORTION: 392 KCAL, 24 G KH, 36 G P, 16 G F

Ca. 15 Minuten
Für 1 Portion

1 Ei (Größe M)
2 Karotten
5 Gewürzgurken
200 g körniger Frischkäse
4 EL Flüssigkeit aus dem Gewürzgurkenglas
Salz, Pfeffer

1. Das Ei in einem Topf mit Wasser in ca. 10 Minuten hart kochen. Herausnehmen, unter kaltem Wasser abschrecken und pellen.

2. Die Karotten schälen, putzen und mit der Gemüsereibe in eine Schüssel raspeln. Die Gewürzgurken in ca. 1 cm dicke Scheiben schneiden, das Ei ebenfalls in Würfel oder Scheiben schneiden.

3. Frischkäse und Gewürzgurken mit den Karotten vermengen und den Salat mit der Flüssigkeit aus dem Gewürzgurkenglas sowie mit Salz und Pfeffer abschmecken. Zum Schluss vorsichtig das Ei unterheben.

Rosa Suppe mit Roter Bete

NÄHRWERTE PRO PORTION: 240 KCAL, 12 G KH, 9 G P, 17 G F

Ca. 20 Minuten
Für 4 Portionen

2 TL Bratöl
1 Zwiebel
1 Knoblauchzehe
2 Karotten (ca. 200 g)
1 Rote Bete (ca. 200 g)
350 ml Gemüsebrühe
100 g Schmand
350 g Seidentofu (oder 200 g Speisequark 20 % Fett)
optional: Salz, Pfeffer
30 g Walnusskerne
frisch gehackte Petersilie
4 TL Naturjoghurt zum Garnieren

1. 1 TL Bratöl auf mittlerer Stufe in einem Kochtopf erhitzen.
2. Zwiebel und Knoblauch schälen, klein schneiden und 1–2 Minuten im Kochtopf dünsten.
3. Karotten schälen und putzen, Rote Bete schälen und beides in mundgerechte Stücke schneiden.
4. Gemüse und Gemüsebrühe in den Topf geben und zum Kochen bringen. Dann Hitze reduzieren und Suppe ca. 10 Minuten köcheln lassen.
5. Schmand, Seidentofu sowie optional etwas Salz und Pfeffer hinzufügen und Suppe mit dem Stabmixer pürieren.
6. Das restliche Bratöl in einer kleinen Bratpfanne erhitzen und die Walnüsse darin kurz rösten. Suppe zum Servieren mit Walnüssen, Petersilie und Naturjoghurt garnieren.

Fünf-Zutaten-Spargelsuppe

NÄHRWERTE PRO PORTION: 405 KCAL, 37 G KH, 10 G P, 23 G F

Ca. 20 Minuten
Für 2 Portionen

350 g Kartoffeln
600 ml Gemüsebrühe
9 Stangen weißer Spargel
160 g Frischkäse (Vollfett)
3 EL Schnittlauchröllchen
Salz, Pfeffer (nach Belieben)

1. Die Kartoffeln schälen, waschen und in kleine Würfel schneiden. Mit der Gemüsebrühe in einen Topf geben und in 10 Minuten weich kochen.

2. Währenddessen den Spargel schälen, die Enden abtrennen und die Stangen in kleine Stücke schneiden. Sobald die Kartoffeln zu 90 % gar sind, Spargelstücke und Frischkäse mit in den Kochtopf geben und weitere 2–3 Minuten kochen.

3. Die Suppe mit dem Stabmixer grob pürieren und mit Schnittlauch bestreuen. Nach Belieben noch mit Salz und Pfeffer abschmecken.

Schnelle Linsensuppe

NÄHRWERTE PRO PORTION: 294 KCAL, 29 G KH, 20 G P, 9 G F

Ca. 20–25 Minuten
Für 4 Portionen

1 Kartoffel (150 g)
800 g Suppengrün (Karotten, Sellerie, Lauch)
100 g rote Linsen
800 ml Gemüsebrühe
350 g Seidentofu
1 TL Knoblauchpulver
1 TL Tomatenflocken (nach Belieben)
2 EL Kürbiskerne

OPTIONAL:
Salz, Pfeffer
frisch gehackte Petersilie (nach Belieben)

1. Kartoffel und Suppengrün waschen, putzen und in mundgerechte Stücke schneiden. Linsen in ein Sieb geben und spülen.

2. Gemüsebrühe in einem Topf zum Kochen bringen und das Gemüse und die Linsen hineingeben. Die Hitze etwas reduzieren, einen Deckel auflegen und Suppe ca. 15 Minuten köcheln lassen.

3. Den Seidentofu in kleine Würfel schneiden und vorsichtig in die Suppe rühren. Mit Knoblauchpulver, Salz und Pfeffer würzen, nach Belieben Tomatenflocken zugeben. Suppe mit Kürbiskernen und eventuell Petersilie garnieren.

Solltest du keinen Seidentofu zur Hand haben, kannst du alternativ Naturtofu oder Eierstich verwenden. Zur Not schmeckt das Rezept auch ohne Seidentofu gut!

Kartoffel-Käse-Suppe

NÄHRWERTE PRO PORTION: 458 KCAL, 39 G KH, 39 G P, 13 G F

Ca. 15–20 Minuten
Für 3 Portionen

1 l Gemüsebrühe
400 g Kartoffeln
2 große Karotten
250 g Brokkoli
200 g Champignons
100 g milder Harzer Roller
50 g Feta
175 g Räuchertofu

1. Die Gemüsebrühe in einem Topf zum Kochen bringen

2. Das Gemüse schälen bzw. waschen, putzen und in mundgerechte Stücke schneiden.

3. Den Harzer Roller und den Feta in Stücke schneiden und mit den Kartoffeln in die kochende Gemüsebrühe geben. 5 Minuten bei mittlerer Hitze köcheln lassen. Anschließend Suppe mit einem Stabmixer pürieren.

4. Tofu klein schneiden und mit den restlichen Zutaten in den Topf geben. Suppe 10 Minuten weiterkochen lassen, dabei regelmäßig umrühren.

Käse-Spaghetti-Proteinsuppe

NÄHRWERTE PRO PORTION: 540 KCAL, 53G KH, 39G P, 15G F

Ca. 15–20 Minuten
Für 2 Portionen

½ Brokkoli (ca. 250 g)
1 Zucchini (ca. 250 g)
1 rote Paprikaschote
2 Frühlingszwiebeln
1 l Gemüsebrühe
50 g Gouda
200 g körniger Frischkäse
30 g Hefeflocken
100 g Spaghetti

1. Das Gemüse putzen, waschen und in mundgerechte Stücke schneiden.

2. Die Gemüsebrühe in einem Topf zum Kochen bringen.

3. Den Gouda in Würfel schneiden und mit dem Frischkäse sowie den Hefeflocken in die Gemüsebrühe geben. Der Käse sollte langsam in der köchelnden Brühe schmelzen.

4. Sobald der Käse geschmolzen ist, Brokkoli und Spaghetti ebenfalls in den Topf geben.

5. Wenn die Spaghetti fast gar sind, das restliche Gemüse zufügen. Sobald die Spaghetti gar sind, ist das Gericht fertig.

HAUPTGERICHTE

Zehn-Minuten-Pfanne Asia-Stil

NÄHRWERTE PRO PORTION: 538 KCAL, 55 G KH, 30 G P, 20 G F

Ca. 10 Minuten
Für 2 Portionen

1 EL Bratöl
2 große Karotten
2 Pak Choi
150 g Champignons
1 Pck. Räuchertofu (175 g)
200 g vorgekochte Vollkornspaghetti
1 EL Sesam

FÜR DIE SOSSE:
1 EL Honig (oder Agavendicksaft)
4 EL Sojasoße
1 EL Pistazienmus (oder Erdnussmus)

1. Öl bei mittlerer Hitze in einer Pfanne erwärmen.

2. Karotten schälen, putzen und in kleine Würfel schneiden. In der Pfanne anbraten. Sollen sie etwas weicher sein, noch 3 EL Wasser zufügen, die Karotten saugen das Wasser mit der Zeit auf.

3. Das restliche Gemüse putzen, waschen und klein schneiden. Den Tofu ebenfalls in kleine Stücke schneiden.

4. Den weißen Teil des Pak Chois in die Pfanne geben. Dann sofort die restlichen Zutaten (außer dem grünen Pak Choi) zufügen und für 5 Minuten bei mittlerer Hitze garen, dabei immer wieder mit einem Pfannenwender umrühren.

5. Die Zutaten für die Soße in einer Schüssel gut verrühren und dann unter das Pfannengericht heben.

6. Den grünen Teil des Pak Chois in die Pfanne geben und 1–2 Minuten erwärmen.

Dieses Gericht ist super, falls du für ein anderes Rezept zu viele Spaghetti gekocht hast!

One-Pot-Pizza

NÄHRWERTE PRO PIZZA: 410 KCAL, 18 G KH, 37 G P, 18 G F

Ca. 10 Minuten Arbeitszeit
25 Minuten Backzeit
Für 2 Pizzen

½ Frühlingszwiebel
1 Paprikaschote
2 Champignons
2 TL getrocknete Tomaten
30 g Mandelmehl
20 g Weizenmehl (Type 1050)
3 Eier (Größe M)
200 g körniger Frischkäse
2 TL getrockneter Oregano
Salz, Pfeffer
30 g geriebener Käse

1. Den Backofen auf 190 °C Umluft vorheizen.

2. Das Gemüse putzen, waschen und in mundgerechte Stücke schneiden.

3. Alle Zutaten, bis auf den Reibekäse, in einer Schüssel gut vermischen und kräftig mit Salz und Pfeffer würzen.

4. Jeweils die Hälfte des Teiges auf einem mit Backpapier ausgelegten Backblech zu einer Pizza verstreichen und mit Käse bestreuen.

5. Pizzen auf der mittleren Schiene 25 Minuten im Ofen backen.

Die Besonderheit an dieser Pizza? Sie ist nicht nur einfach gemacht, sondern auch sehr proteinbetont. Solltest du aber kein Mandelmehl zu Hause haben, kannst du es einfach durch entsprechend mehr Mehl ersetzen.

Veggie-Burger mit Kartoffelspalten

NÄHRWERTE PRO PORTION: 583 KCAL, 95 G KH, 19 G P, 10 G F

Ca. 30 Minuten
Für 2 Portionen

FÜR DIE KARTOFFELSPALTEN:
500 g Kartoffeln
1 EL Öl
1 EL Paprikapulver
1 EL Rosmarin

FÜR DIE BURGER:
120 g Kichererbsen aus der Dose
2 EL Haferflocken
2 EL Gemüsebrühepulver
1 TL Kurkuma
1 EL Öl
einige Salatblätter
1 große Tomate
2 Brötchen, z.B. Dinkelbrötchen
2 EL Tomatenmark

1. Den Backofen auf 190 °C Umluft vorheizen.

2. Die Kartoffeln waschen, in Spalten schneiden und in einer Schüssel mit dem Öl und den Gewürzen vermischen. Auf einem Backblech verteilen und ca. 30 Minuten im Ofen backen.

3. Währenddessen die Kichererbsen in ein Sieb abgießen und abtropfen lassen. Dann mit den Haferflocken, dem Gemüsebrühepulver und der Kurkuma im Standmixer pürieren.

4. Aus dem Teig 2 Bratlinge formen und diese in einer Pfanne mit Öl 3 Minuten pro Seite braten.

5. Salat und Tomate waschen und Tomate in Scheiben schneiden. Die Brötchen aufschneiden, die Innenseiten mit Tomatenmark bestreichen und mit Salat, Tomatenscheiben und Pattys belegen.

Für deinen geliebten Burger und die Kartoffelspalten bist du also nicht auf den Lieferdienst oder die Imbissbude angewiesen – einfach zu Hause selbst machen!

Einfache Zehn-Minuten-Pfanne

NÄHRWERTE PRO PORTION: 608 KCAL, 83G KH, 22G P, 17G F

Ca. 10 Minuten
Für 2 Portionen

4 Karotten oder
300 g TK-Karotten
150 g Spaghetti
300 g TK-Erbsen
100 g Kräuterfrischkäse
Salz, Pfeffer (nach Belieben)

1. Frische Karotten schälen, putzen und klein schneiden.

2. Im Wasserkocher 1 l Wasser kochen, 800 ml davon mit den ungekochten Spaghetti in eine Pfanne geben. Die restlichen 200 ml aufbewahren.

3. Spaghetti in der Pfanne ca. 4 Minuten köcheln, bis sie halbgar sind. Karotten und Erbsen dazugeben und erst einmal nicht miteinander vermengen. Einfach einen Deckel auflegen und alles 7–10 Minuten köcheln lassen.

4. Nun den Frischkäse und das restliche Wasser in der Pfanne zu einer einheitlichen Soße vermischen. Nach Belieben mit Salz und Pfeffer abschmecken.

Solltest du das Gefühl haben, dass du zu viel Wasser genommen hast und deine Pfanne vielmehr eine Suppe ist, kann ich dich beruhigen: Wenn du die Pfanne nach dem Kochen 5–10 Minuten stehen lässt, wird aus der Flüssigkeit eine cremige Soße. Im Zweifel kannst du mit mehr Frischkäse oder ein paar Flohsamenschalen die Soße andicken. Alternativ kannst du 300 g vorgekochte Spaghetti für dieses Rezept verwenden. Dann benötigst du kein Wasser, um die Spaghetti zu kochen, sondern vermischst alles in der Pfanne. Lediglich 100 ml Wasser, um den Frischkäse zu einer geschmeidigen Soße zu verrühren, kann ich empfehlen.

Zucchiniboote

NÄHRWERTE PRO PORTION: 574 KCAL, 41G KH, 45G P, 21G F

Ca. 15 Minuten Arbeitszeit
20–25 Minuten Backzeit
Für 1 (große) Portion

1 große Zucchini oder 2 kleinere (500 g)
50 g Kidneybohnen aus der Dose
50 g Mais aus der Dose
200 g passierte Tomaten
100 g Tofu
1 Zwiebel (oder 1 TL gefriergetrocknete Zwiebel)
1 Knoblauchzehe
40 g geriebener Käse
Fett für die Form

1. Den Backofen auf 170 °C Umluft vorheizen.

2. Die Enden der Zucchini abschneiden. Zucchini waschen und längs halbieren. Mit einem Löffel das Fruchtfleisch ausschaben.

3. Kidneybohnen und Mais in einem Sieb abtropfen lassen, dann in einer Schüssel mit den passierten Tomaten und dem Zucchinifruchtfleisch vermischen.

4. Den Tofu klein schneiden. Zwiebel und Knoblauch schälen, klein würfeln und mit dem Tofu unter die Tomatenmischung rühren. Die Füllung in die Zucchiniboote verteilen und mit Käse bestreuen.

5. Zucchiniboote in eine gefettete Auflaufform setzen und 20–25 Minuten im Ofen backen.

Das Grundprinzip eines Zucchinibootes ist einfach: Die Zucchini halbieren und ein bisschen von dem Fruchtfleisch abschaben. Stell dir vor, sie wäre ein Pizzaboden. Du kannst sie ebenso vielfältig belegen. Mein Rezept ist daher nur als Beispiel gedacht.
Am besten eignen sich große Zucchinis für Zucchiniboote. Wenn du noch etwas Füllung übrig hast, kannst du noch mehr Zucchini nehmen oder eine Paprikahälfte füllen. Alternativ habe ich den restlichen Belag einfach in der Form mitgebacken.

Gemüse-Lasagne

NÄHRWERTE PRO PORTION: 555 KCAL, 26 G KH, 33 G P, 34 G F

Ca. 10 Minuten Arbeitszeit
7 Minuten Backzeit
Für 1 Portion

150 g mildes Ajvar
100 g veganer Hackfleisch-Ersatz
Salz
Knoblauchpulver
Paprikapulver
1 mittelgroße Tomate (120 g)
½ Kohlrabi (120 g)
Fett für die Form
60 g Gouda in Scheiben

1. In einer Schüssel Ajvar, Hackfleisch-Ersatz und Gewürze gut miteinander vermischen.

2. Tomate waschen, Kohlrabi schälen und beides in Scheiben schneiden.

3. Eine mikrowellenfeste Auflaufform (ca. 10 × 14 cm) einfetten und Tomaten- und Kohlrabischeiben abwechselnd einschichten, dabei zwischen die Schichten immer etwas vom Ajvar-Gemisch streichen. Die oberste Schicht mit dem Käse belegen.

4. Gemüse-Lasagne in der Mikrowelle garen, je nach Auflaufform kann die Garzeit etwas abweichen, bei mir sind es 7 Minuten bei 600 W.

Fünfzehn-Minuten-Sossenpfanne

NÄHRWERTE PRO PORTION: 586 KCAL, 41G KH, 32G P, 29G F

Ca. 15 Minuten
Für 2 Portionen

10 g Butter
300 g Champignons
1 mittelgroße Zucchini
240 g schwarze Bohnen (oder Kidneybohnen) aus der Dose
240 g weiße Bohnen aus der Dose
100 g Frischkäse light
100 g Pesto rosso (oder Tomatensoße)

1. Die Butter bei mittlerer Hitze in einer Pfanne schmelzen.

2. Die Champignons säubern, die Zucchini putzen, waschen und beides in mundgerechte Stücke schneiden. Die Bohnen in einem Sieb abtropfen lassen.

3. Alle Zutaten in die Pfanne geben und 5–10 Minuten köcheln lassen.

Wenn du weniger Soße haben möchtest, kannst du die Menge von Frischkäse und Pesto halbieren.
Falls du die vielen Bohnen nicht gut vertragen solltest, kannst du das Rezept vielfältig abwandeln. Probiere zum Beispiel eine Variante mit gekochtem Reis oder Tofu aus.

Vegetarische Spaghetti Carbonara à la Milena

NÄHRWERTE PRO PORTION: 621 KCAL, 69 G KH, 36 G P, 20 G F

Ca. 20 Minuten
Für 1 Portion

70 g Spaghetti
30 g getrocknete Tomaten
50 g Frischkäse (40 % Fett)
1 Ei (Größe M)
Salz, Pfeffer
geriebene Muskatnuss
1 Zucchini (300 g)
1 EL geriebener Parmesan

1. Die Spaghetti in einem Topf mit Wasser nach Packungsangabe al dente kochen.

2. Währenddessen die getrockneten Tomaten in kleine Stücke schneiden und in einer Schüssel mit dem Frischkäse, dem Ei und den Gewürzen zu einer Soße vermischen.

3. Die Zucchini waschen, putzen und mit einem Spiralschneider in Nudelform schneiden.

4. Die Spaghetti in ein Sieb abgießen und wieder in den Topf geben. Zucchininudeln und Soße untermischen und alles 1–2 Minuten erwärmen.

5. Pasta mit Parmesan bestreut servieren.

Eine Portion normale Spaghetti Carbonara hat bereits über 1000 kcal und verleitet mit der leckeren Sahne-Nudel-Kombi schnell dazu, zu viel zu essen. Du weißt ja mittlerweile, dass es unklug ist, sich vorzunehmen, »einfach weniger zu essen«. Ab und zu kann man sich die Pasta ruhig gönnen, aber für eine tägliche, bewusste Ernährung ist sie eher ungeeignet. Deshalb habe ich diese Variante entwickelt. Sie schmeckt nicht nur fantastisch und erinnert an den Klassiker, sondern ist auch so gestaltet, dass sie dich trotz geringerer Kalorienzahl besser sättigt. Lies hierzu gerne den Abschnitt »Das bedeutet es, klüger und nicht weniger zu essen«.

Protein-Pizza Tomate-Mozzarella

NÄHRWERTE PRO PORTION : 463 KCAL, 44 G KH, 36 G P, 13 G F

Ca. 20 Minuten Arbeitszeit
30 Minuten Ruhezeit
15 Minuten Backzeit
Für 4 Portionen

125 g Mandelmehl
155 g Weizenmehl (Type 405) plus mehr für die Arbeitsfläche
½ Pck. Trockenhefe
200 ml warmes Wasser
100 ml passierte Tomaten
getrockneter Oregano
1 Kugel Mozzarella
2 große Tomaten

1. Mandelmehl, Weizenmehl, Trockenhefe und Wasser in einer Schüssel gut vermengen. Schüssel mit einem Küchentuch abdecken und Teig ca. 30 Minuten gehen lassen. Die optimale Temperatur für den Teig liegt zwischen 30 und 40 °C.

2. Den Backofen auf 210 °C Umluft vorheizen.

3. Den Teig auf der bemehlten Arbeitsfläche ausrollen und mit den passierten Tomaten bestreichen. Dann Oregano daraufstreuen.

4. Mozzarella abtropfen lassen, Tomaten waschen und beides in Scheiben schneiden. Die Mozzarellascheiben sollten möglichst dünn sein!

5. Die Pizza mit Tomaten und Mozzarella belegen und ca. 15 Minuten im Ofen backen.

Eintopf mit gerösteten Kichererbsen

NÄHRWERTE PRO PORTION: 307 KCAL, 50 G KH, 7 G P, 6 G F

Ca. 20 Minuten Arbeitszeit
30 Minuten Backzeit
Für 4 Portionen

265 g Kichererbsen aus der Dose
1 EL Kurkuma
1 EL Kreuzkümmel
Pfeffer (nach Belieben)
1 EL Olivenöl
550 g Süßkartoffeln
500 ml Gemüsebrühe
5 Karotten (ca. 500 g)
frisch gehackte Petersilie (nach Belieben)

1. Backofen auf 180 °C Umluft vorheizen.

2. Kichererbsen in ein Sieb abgießen und abtropfen lassen. In einer Schüssel mit den Gewürzen sowie dem Öl vermengen. Auf einem Backblech verteilen und 30 Minuten im Ofen backen.

3. Währenddessen Süßkartoffeln schälen und in kleine Würfel schneiden. Die Gemüsebrühe in einem Topf zum Kochen bringen und die Süßkartoffeln darin 5–10 Minuten köcheln lassen.

4. Karotten schälen, putzen und klein würfeln. In den Topf geben und 5 Minuten mitköcheln lassen.

5. Den Eintopf mit dem Stabmixer pürieren und die Kichererbsen unterheben. Nach Belieben mit Petersilie bestreuen.

Käse-Zucchini-Proteintaler

NÄHRWERTE PRO PORTION: 590 KCAL, 41 G KH, 47 G P, 24 G F

Ca. 25 Minuten
Für 1 Portion/ ca. 7 Taler

300 g Zucchini
50 g Harzer Roller
2 Eier (Größe M)
50 g Vollkornmehl
Salz, Pfeffer

1. Die Zucchini waschen, putzen und mit der Gemüsereibe in eine Schüssel raspeln. Den Harzer Roller ebenfalls raspeln und dazugeben.

2. Alle restlichen Zutaten zufügen und zu einem Teig vermischen. Währenddessen den Backofen auf 180 °C Umluft vorheizen.

3. Mit einem Esslöffel aus dem Teig kleine Taler formen und sie auf ein mit Backpapier belegtes Backblech geben. Für 20 Minuten backen.

Harzer Roller hat einen starken, derben Eigengeschmack, den viele nicht mögen. Aber klug in ein Rezept eingebaut, schmeckt man das kräftige Aroma kaum heraus und kann so ohne Probleme den Harzer Roller als wunderbare Proteinquelle genießen.

Gefüllter Kürbis aus der Mikrowelle

NÄHRWERTE PRO PORTION: 561 KCAL, 63G KH, 34G P, 18G F

Ca. 10 Minuten Arbeitszeit
8 Minuten Backzeit
Für 2 Portionen

1 ganzer Hokkaido-Kürbis (750g)
255g Kidneybohnen aus der Dose
100g Naturtofu
50g geriebener Gouda
150g Frischkäse light
1TL Gemüsebrühepulver
optional: Salz, Pfeffer

1. Den Kürbis waschen und das obere Viertel sowie die Kerne entfernen. Die Kidneybohnen in ein Sieb abgießen, spülen und abtropfen lassen.

2. Den Tofu in kleine Stücke zerbröseln und in eine Schüssel geben. Die Hälfte des Gouda, die Kidneybohnen, den Frischkäse, das Gemüsebrühepulver sowie etwas Salz und Pfeffer zugeben und vermischen.

3. Den Kürbis mehrfach mit einem spitzen Messer leicht anstechen, damit sich die Hitze später gleichmäßiger verteilen kann. Die Tofumischung in den Kürbis füllen und den restlichen Käse darüberstreuen.

4. Den gefüllten Kürbis ca. 8 Minuten bei 600 Watt in die Mikrowelle stellen. Wer den Kürbis eher etwas weicher haben möchte, lässt ihn 16–20 Minuten in der Mikrowelle garen.

Kichererbsen-Curry-Auflauf

NÄHRWERTE PRO PRO PORTION: 522 KCAL, 36 G KH, 35 G P, 22 G F

Ca. 15 Minuten Arbeitszeit
25 Minuten Backzeit
Für 2 Portionen

250 g passierte Tomaten
1 TL mittelscharfe rote Currypaste
100 g Kokosmilch
200 g Tofu
2 Karotten
265 g Kichererbsen aus der Dose
400 g TK-Blattspinat
Fett für die Form

1. Den Backofen auf 180 °C Umluft vorheizen.

2. Die passierten Tomaten, die Currypaste sowie die Kokosmilch in einer großen Schüssel zu einer Soße verrühren.

3. Den Tofu klein würfeln. Die Karotten schälen, putzen und ebenfalls in kleine Würfel schneiden. Die Kichererbsen in einem Sieb abtropfen lassen. Den Spinat bei Bedarf grob hacken.

4. Alle Zutaten in die Schüssel geben, vermengen und in eine gefettete Auflaufform (ca. 20 × 30 cm) füllen. Auflauf ca. 25 Minuten im Ofen backen.

Übrig gebliebene Kokosmilch kannst du einfach einfrieren. Wenn du kein Freund von Tofu bist, kannst du stattdessen vorgekochte rote Linsen verwenden.
Legst du den Tofu schon ein paar Stunden vor der eigentlichen Zubereitung des Gerichts in der Soße ein, nimmt er den Geschmack der Soße besser auf. Noch intensiver wird der Geschmack, wenn du vorher die Flüssigkeit aus dem Tofu herausdrückst.

»Ich mag kein Gemüse«-Frikadellen

NÄHRWERTE PRO FRIKADELLE: 100 KCAL, 9 G KH, 6 G P, 4 G F

Ca. 20–25 Minuten
Für 13 Frikadellen

1 große Paprika (200 g)
½ Zucchini (200 g)
1 Karotte (100 g)
3 Eier (Größe M)
150 g zarte Haferflocken
125 g veganer Hackfleisch-Ersatz
Salz, Pfeffer
Paprikapulver
Öl zum Braten

1. Das Gemüse waschen bzw. schälen, putzen und in kleine Stücke schneiden. In einem Mixer pürieren (ggf. vorher kurz in einer Pfanne dünsten, dann geht es leichter), in eine Schüssel umfüllen und mit den restlichen Zutaten vermengen. Kräftig mit Salz, Pfeffer und Paprikapulver würzen.

2. Öl in einer Pfanne auf mittlerer Stufe erhitzen. Pro Frikadelle 1 stark gehäuften EL in die Pfanne geben und die Masse flach streichen. Von jeder Seite 3–4 Minuten braten.

»Ich mag kein Gemüse!« – »Vom Salat schrumpft der Bizeps!« – »Igitt, Gemüse!« – »Ein echter Mann braucht ein Steak!« – Hand aufs Herz, haben wir alle schon einmal gehört oder sogar früher selbst gesagt, oder? Mein Mann Daniel hat deshalb an einem Rezept gearbeitet, in dem zwar Gemüse drin ist, man dies aber nicht sofort erkennt. Übrigens: 1 Frikadelle enthält ca. 40 g Gemüse!

Limetten-Avocado-Sosse

NÄHRWERTE PRO PORTION: 187 KCAL, 3G KH, 4G P, 18G F

Ca. 5–10 Minuten
Für 1 Portion

½ Bio-Limette
½ Avocado
20 g Frischkäse (Vollfett)
Pfeffer

1. Die Limette waschen und abtrocknen. Die Schale abreiben und die Frucht auspressen.

2. Den Kern aus der Avocado entfernen und das Fruchtfleisch aus der Schale heben.

3. Limettensaft und -schale, Avocado, Frischkäse und Pfeffer in eine Schüssel geben und mit einer Gabel zerdrücken.

Rezeptvorschlag:

NÄHRWERTE PRO PORTION: 507 KCAL, 33G KH, 22G P, 31G F

Ca. 15 Minuten
Für 1 Portion

150 g Kartoffeln
Öl zum Braten
2 Eier (Größe M)
Limetten-Avocado-Soße (s. o.)

1. Die Kartoffeln schälen, waschen und in einem Topf mit kochendem Wasser weich kochen.

2. Währenddessen in einer Pfanne mit etwas Öl aus den Eiern Spiegeleier braten.

3. Kartoffeln aus dem Topf heben und auf einem Teller mit einer Gabel zerdrücken. Die Spiegeleier und die Limetten-Avocado-Soße neben dem Püree anrichten.

Diese erfrischende Soße passt wirklich super zu Kartoffeln!

Schnelle Reispfanne

NÄHRWERTE PRO PORTION: 496 KCAL, 67 G KH, 24 G P, 11 G F

Ca. 15 Minuten
Für 1 Portion

5 Champignons
125 g Kidneybohnen aus der Dose
1 EL Ghee (oder Bratöl)
2 EL Senf
1 TL TK-Petersilie
1 TL Knoblauchpulver
150 g gekochter Reis
½ Handvoll Rucola
Salz
1 TL Sesam

1. Champignons säubern und in mundgerechte Stücke schneiden. Die Kidneybohnen in einem Sieb spülen und abtropfen lassen.

2. Das Ghee bei mittlerer Hitze in einer Pfanne zerlassen und Champignons und Kidneybohnen darin 7–9 Minuten dünsten.

3. Währenddessen in einer Schüssel Senf, Petersilie, Knoblauchpulver und optional etwas Wasser verrühren. Soße und Reis in die Pfanne geben und erwärmen.

4. Rucola waschen. Reispfanne mit Salz abschmecken und mit Sesam und Rucola garnieren.

Süsskartoffelbratlinge

NÄHRWERTE PRO BRATLING: 66 KCAL, 12G KH, 2G P, 0,5G F

Ca. 25 Minuten
Für 15 Bratlinge

500 g Süßkartoffeln
75 g Couscous
5 EL Hefeflocken
1 TL Gemüsebrühepulver
1 TL Paprikapulver
1 TL Knoblauchpulver
Pfeffer
Öl zum Braten

1. Die Süßkartoffeln schälen, in kleine Würfel schneiden und in einem Topf mit kochendem Wasser in ca. 5 Minuten weich kochen.

2. Währenddessen den Couscous in eine Schüssel geben, mit 150 ml kochendem Wasser übergießen und 2 Minuten quellen lassen.

3. Alle Zutaten in einer Schüssel vermischen, abschmecken, ob die Würze gut ist, sonst eventuell nachwürzen.

4. Aus der Masse 15 Bratlinge formen und diese portionsweise in einer Pfanne mit etwas Öl bei mittlerer Hitze und mit geschlossenem Deckel ca. 3 Minuten von jeder Seite anbraten.

Rezeptvorschlag:

NÄHRWERTE PRO PORTION: 543 KCAL, 70G KH, 23G P, 15G F

Ca. 15 Minuten
Für 1 Portion

1 rote Paprikaschote
1 Handvoll Romanasalatblätter
6 Cherrytomaten
½ Gurke
50 g geschälte und vorgekochte Edamame
1 EL Kürbiskerne
4 Süßkartoffelbratlinge (s. o.)
2 EL Joghurt (1,5 % Fett)
1 TL Senf
1 TL Leinöl

1. Das Gemüse waschen, putzen und in kleine Stücke schneiden.

2. Joghurt, Senf und Leinöl in einer Schüssel zu einem Dressing verrühren.

3. Alle Salatzutaten und die Bratlinge auf einem Teller anrichten und mit dem Dressing beträufeln.

Veggie-Lasagne

NÄHRWERTE PRO PORTION: 555 KCAL, 58 G KH, 32 G P, 18 G F

Ca. 25 Minuten Arbeitszeit
30 Minuten Backzeit
Für 3 Portionen

80 g rote Linsen
1 Paprikaschote
400 g Zucchini
1 Zwiebel
1 große Knoblauchzehe
30 g Hefeflocken
500 g passierte Tomaten
Salz, Pfeffer
3 EL TK-Petersilie
Fett für die Form
6 Lasagneblätter
100 g geriebener Gouda

1. Die roten Linsen in einem Topf mit kochendem Wasser in 5–10 Minuten weich kochen.

2. Währenddessen Paprika und Zucchini waschen, putzen und in kleine Stücke schneiden. Zwiebel und Knoblauch schälen und ebenfalls klein schneiden. Vorbereitetes Gemüse in eine Schüssel geben, Hefeflocken, passierte Tomaten sowie Salz, Pfeffer und Petersilie zugeben und gut verrühren.

3. Den Backofen auf 175 °C Umluft vorheizen.

4. Die fertigen Linsen in ein Sieb abgießen und unter die Gemüsemischung heben.

5. Eine Auflaufform (ca. 20 × 30 cm) einfetten und abwechselnd etwas Gemüse-Linsen-Mischung sowie Lasagneblätter einschichten. Die unterste sowie die oberste Schicht sollte Gemüse sein.

6. Lasagne mit dem Käse bestreuen und 30 Minuten im Ofen backen.

SNACKS

Gemüserollen

NÄHRWERTE PRO ROLLE: 109 KCAL, 11 G KH, 6 G P, 4 G F

Ca. 25 Minuten
Für 7 Rollen

100 g passierte Tomaten
2 EL Tomatenmark
1 TL mittelscharfe rote Currypaste
120 g Mais aus der Dose
250 g Kidneybohnen aus der Dose
1 EL Bratöl
100 g TK-Spinat
1 EL Sesam
7 Blätter Reispapier

1. Die passierten Tomaten in einer Schüssel mit dem Tomatenmark und der Currypaste verrühren.

2. Mais und Kidneybohnen in einem Sieb spülen und abtropfen lassen. Das Bratöl auf mittlerer Stufe in der Pfanne erhitzen und Mais, Kidneybohnen, Spinat, Sesam sowie Tomatensoße ca. 5 Minuten in der Pfanne garen.

3. 1 Blatt Reispapier auf der Arbeitsfläche auslegen und nach Packungsangabe befeuchten. 1 ½ EL der Gemüsemischung in die Mitte setzen und das Papier so falten, dass ein gut verschlossenes Päckchen entsteht. Vorgang wiederholen, bis 7 Rollen fertig sind. Rollen beiseitestellen und trocknen lassen. Kalt genießen.

Wrap-Pizza Margherita

NÄHRWERTE PRO PORTION: 292 KCAL, 36 G KH, 13 G P, 10 G F

Ca. 5 Minuten Arbeitszeit
10 Minuten Backzeit
Für 1 Pizza

20 g Tomatenmark
1 Weizenfladen
getrockneter Oregano
1 ½ große Tomaten
20 g geriebener Käse
optional: Salz, Pfeffer

1. Den Backofen auf 190 °C Umluft vorheizen.

2. Das Tomatenmark in einer Tasse mit etwas Wasser anrühren.

3. Den Weizenfladen auf ein mit Backpapier belegtes Blech legen, mit der Tomatensoße bestreichen und kräftig mit Oregano sowie optional mit Salz und Pfeffer würzen.

4. Tomaten waschen und in Scheiben schneiden. Die Wrap-Pizza mit Tomatenscheiben belegen und mit Käse bestreuen. Dann ca. 10 Minuten im Ofen backen.

Wrap-Pizzen sind so schnell gemacht, dass man nicht einmal eine Tiefkühlpizzapackung schneller aufreißen kann! Das Rezept ist für eine Margherita-Pizza, aber du kannst die Pizza ganz nach Geschmack belegen.

Edamame-Avocado-Dip

NÄHRWERTE PRO PORTION: 198 KCAL, 9 G KH, 9 G P, 13 G F

Ca. 5–10 Minuten
Für 2 Portionen

½ Avocado (80 g)
1 Knoblauchzehe
150 g geschälte, gekochte Edamame
30 g getrocknete Tomaten (nicht in Öl eingelegt)
Pfeffer (nach Belieben)

1. Avocado entkernen und das Fruchtfleisch aus der Schale heben. Den Knoblauch schälen.

2. Alle Zutaten bis auf die getrockneten Tomaten in einen Mixer geben und pürieren. Dann in eine Schüssel umfüllen.

3. Tomaten klein schneiden und mit dem Dip vermengen. Nach Belieben mit Pfeffer würzen.

Sind dir Gemüsesticks ohne einen Dip zu langweilig? Dann denke an diesen Edamame-Avocado-Dip. Er passt zum Beispiel wunderbar zu Gurken, Paprika oder Karotten.

Gefüllter Blätterteig

NÄHRWERTE PRO PORTION: 440 KCAL, 33G KH, 21G P, 23G F

Ca. 15 Minuten Arbeitszeit
20–25 Minuten Backzeit
Für 1 Portion

1 Stück Blätterteig (75 g)
20 g Feta light
1 Frühlingszwiebel
80 g körniger Frischkäse
100 g Zucchini
Salz, Pfeffer

1. Den Backofen auf 160 °C Umluft vorheizen.

2. Den Blätterteig mit einem Nudelholz etwas dünner ausrollen.

3. Den Feta zerkrümeln. Die Frühlingszwiebel waschen, putzen und in kleine Stücke schneiden. In einer Schüssel mit dem Feta sowie dem Frischkäse vermischen.

4. Die Zucchini waschen, putzen und mit der Gemüsereibe in die Frischkäsemasse raspeln. Masse mit Salz und Pfeffer würzen.

5. Die Füllung in die Mitte des Blätterteiges setzen. Den Blätterteig von jeder Ecke 1 cm einschneiden und den Rand etwas hochstellen, damit die Masse »eingezäunt« ist.

6. Die Blätterteigtasche 20–25 Minuten im Ofen backen.

Sommerrollen

NÄHRWERTE PRO ROLLE: 88 KCAL, 11 G KH, 5 G P, 3 G F

Ca. 25 Minuten
Für 8 Rollen

200 g körniger Frischkäse
1 TL mittelscharfe rote Currypaste
1 Msp. edelsüßes Paprikapulver
2 EL Kürbiskerne (ca. 25 g)
1 Msp. Salz
2 mittelgroße Karotten
1 Frühlingszwiebel
8 Blätter Reispapier

1. Frischkäse in einer Schüssel mit der Currypaste, dem Paprikapulver, den Kürbiskernen sowie dem Salz verrühren.

2. Karotten schälen, putzen und in Stifte schneiden. Je nach Geschmack erst in einer Pfanne mit etwas Öl weich dünsten oder roh in die Sommerrollen legen.

3. Frühlingszwiebel waschen, putzen und in dünne Ringe schneiden.

4. 1 Blatt Reispapier auf der Arbeitsfläche auslegen und nach Packungsangabe befeuchten. 2 Karottenstücke, ein paar Frühlingszwiebelringe sowie 1 EL der Frischkäsemischung in die Mitte des Reispapieres setzen und Papier so falten, dass ein gut verschlossenenes Päckchen entsteht. Vorgang wiederholen, bis 8 Rollen fertig sind. Rollen beiseitestellen und trocknen lassen. Kalt und optional mit etwas Sojasoße genießen.

Diese Sommerrollen sind ein gutes Meal-Prep-Rezept. Das Reispapier ist nach dem Befeuchten sehr klebrig und benötigt ca. 2–3 Stunden zum Trocknen. Dann lassen sich die Rollen gut in einer Transportbox verstauen.
Für Wrap-Freunde sind die Sommerrollen eine kalorienreduzierte und gleichzeitig leckere Alternative! Während ein Weizenfladen je nach Größe zwischen 100 und 200 kcal aufweist, hat ein Stück Reispapier gerade einmal 35 kcal. Wenn du dich mit Reispapier aber gar nicht anfreunden kannst, kannst du mit dieser Füllung auch Weizenfladen bestücken.

Süsskartoffeltoasties

NÄHRWERTE PRO PORTION: 383 KCAL, 43G KH, 23G P, 11G F

Ca. 10–15 Minuten Arbeitszeit
25 Minuten Backzeit
Für 2 Portionen

1 Süßkartoffel (ca. 150 g)
2 Rispentomaten (ca. 200 g)
30 g Mozzarella
100 g körniger Frischkäse
getrockneter Oregano
Salz, Pfeffer

1. Den Backofen auf 170 °C Umluft vorheizen.

2. Die Süßkartoffel schälen und in 8 möglichst dünne Scheiben schneiden. Süßkartoffelscheiben auf ein mit Backpapier belegtes Blech legen und 5 Minuten im Ofen vorbacken oder im Toaster toasten.

3. Währenddessen die Tomaten waschen und in Scheiben schneiden. Den Mozzarella abtropfen lassen und reiben.

4. Die Süßkartoffelscheiben mit dem Frischkäse bestreichen und mit Tomate und Mozzarella belegen. Mit Oregano, Salz und Pfeffer würzen.

5. Süßkartoffeltoasties weitere 20 Minuten im Ofen backen.

Schneller Shake für unterwegs

NÄHRWERTE PRO PORTION: 509 KCAL, 42 G KH, 39 G P, 19 G F

Ca. 5 Minuten
Für 1 Portion

1 Orange
20 g Vanille-Proteinpulver
1 EL Leinsamen
1 TL Mandelmus
500 ml Milch (1,5 % Fett; oder pflanzliche Alternative)

1. Orange gut schälen – auch das Weiße abschälen – und in Stücke schneiden, dabei Kerne entfernen.

2. Alle Zutaten in einem Mixer pürieren. Shake zum Mitnehmen in eine Flasche umfüllen, die 700 ml fasst.

Das Essen trinken? Eigentlich wird das nicht empfohlen, vor allem zum Abnehmen nicht. Denn hier fehlt der wichtige Prozess des Kauens; auch sind alle Lebensmittel bereits zerkleinert. Dies führt dazu, dass du die Mahlzeit im Körper schneller aufnimmst und auch schneller wieder Hunger verspürst.
Manchmal ist es aber praktischer, das Essen als Trink-Mahlzeit mitzunehmen! Shakes sind schnell zubereitet und in der Tasche verstaut. Soll es also doch einmal eine Trink-Mahlzeit werden, dann kann ich dir diesen Shake nur empfehlen. Im Gegensatz zum reinen Obst-Smoothie sind hier nicht nur Vitamine, sondern auch Proteine und Fette enthalten, die zu einer langfristigen Sättigung beitragen. Probiere zusätzlich, den Shake zu kauen! Dann macht er dich noch länger satt.

Kichererbsen-Kekse

NÄHRWERTE PRO KEKS: 65 KCAL, 7 G KH, 4,4 G P, 2 G F

Ca. 15–20 Minuten Arbeitszeit
20–25 Minuten Backzeit
Für ca. 14 Kekse

265 g Kichererbsen aus der Dose
100 g Magerquark (oder Seidentofu)
50 g Süßungsmittel, z. B. Agavendicksaft
1 EL Mandelmus (25 g)
30 g Vanille-Proteinpulver
20 g zarte Haferflocken
2 EL Schokodrops

1. Den Backofen auf 160 °C Ober-/Unterhitze vorheizen.

2. Die Kichererbsen in einem Sieb abtropfen lassen, dann mit Quark, Süßungsmittel und Mandelmus in eine Schüssel geben und mit dem Stabmixer pürieren.

3. Proteinpulver und Haferflocken zufügen und nochmals gut durchmixen.

4. Pro Keks 1 EL Teig auf ein mit Backpapier ausgelegtes Backblech setzen. Die Schokodrops in die Kekse drücken und Kekse 20–25 Minuten im Ofen backen.

Oft werden gesunde Teige sehr trocken. Das liegt daran, dass weniger Butter verwendet wird, außerdem zieht Vollkornmehl mehr Wasser als Weizenmehl. Diese Kekse aber sind anders, sie sind schön weich und süß. Die Kichererbsen schmeckt man übrigens kaum heraus.

Kürbis-Ausstechplätzchen

NÄHRWERTE PRO PLÄTZCHEN: 34 KCAL, 6 G KH, 1 G P, 1 G F

Ca. 25 Minuten Arbeitszeit
30 Minuten Wartezeit
15–20 Minuten Backzeit
Für ca. 30 Plätzchen

200 g Haferflocken (oder Weizenmehl Type 1050)
75 g Hokkaido-Kürbis
20 g Weizenmehl (Type 1050) plus mehr für die Arbeitsfläche
1 TL Backpulver
1 Ei (Größe M)
½ Fläschchen Butter-Vanille-Aroma
50 g Zuckeralternative, z. B. 25 g Xylit und 25 g Erythrit
Schokostreusel (nach Belieben)

1. Die Haferflocken im Mixer fein mahlen.

2. Den Hokkaido-Kürbis schälen, entkernen, das Fruchtfleisch in Würfel schneiden und in einem Topf mit kochendem Wasser weich garen. Mit einem Schaumlöffel herausheben und in einer Schüssel mit einer Gabel zu Püree zerdrücken.

3. Mehl und Backpulver in einer Schüssel mit den Haferflocken vermischen. Ei, Butter-Vanille-Aroma und Zuckeralternative hinzugeben und mit dem Handmixer verrühren.

4. Zum Schluss 40 g Püree unterheben. Nach und nach mehr Püree zugeben, damit der Teig nicht zu klebrig wird. Bei mir waren 75 g perfekt.

5. Teig 30 Minuten in den Kühlschrank stellen.

6. Backofen auf 170 °C Umluft vorheizen.

7. Den Teig auf der bemehlten Arbeitsfläche ausrollen und mit Ausstechformen Kekse ausstechen. Nach Belieben Schokostreusel oder Ähnliches darüberstreuen. Kekse auf ein mit Backpapier belegtes Backblech legen und 15–20 Minuten im Ofen backen.

Wenn man beim Backen wie wild Kalorien sparen will, geht das oft zu Lasten des Geschmackes, da viele einfach Butter, Zucker und Co. weglassen, ohne sich eine gute Alternative zu überlegen. Keine Sorge, das habe ich hier anders gemacht!

Lebkuchen

NÄHRWERTE PRO LEBKUCHEN: 153 KCAL, 20 G KH, 4 G P, 7 G F

Ca. 25 Minuten Arbeitszeit
20 Minuten Backzeit
Für 10 Lebkuchen

75 g Dinkelvollkornmehl
75 g Weizenmehl (Type 405)
150 g Zuckerersatz, z. B. 75 g Xylit und 75 g Erythrit
50 g gemahlene Haselnüsse
3 TL Lebkuchengewürz
1 TL gemahlene Nelken
1 TL gemahlene Vanille
1 TL Backpulver
10 g Butter plus mehr für die Formen
120 ml Haferdrink
1 Ei (Größe M)
50 g Zartbitterkuvertüre (nach Belieben)

1. Den Backofen auf 175 °C Umluft vorheizen.

2. Alle trockenen Zutaten in einer Schüssel miteinander vermengen.

3. Die Butter in einem Topf bei geringer Hitze schmelzen und mit dem Haferdrink und dem Ei in die Schüssel geben und verrühren.

4. 10 Muffinförmchen (oder spezielle Lebkuchenförmchen, wenn du welche hast) einfetten, den Teig hineingeben und ca. 20 Minuten im Ofen backen.

5. Lebkuchen abkühlen lassen, dann aus den Förmchen heben. Die Kuvertüre hacken, in eine hitzebeständige Schüssel füllen und über einem warmen Wasserbad schmelzen. Die Lebkuchen damit bestreichen.

Wonderful
Christmas

SEASON'S
GREETINGS

Vanillekipferl

NÄHRWERTE PRO KIPFERL: 33 KCAL, 5G KH, 1G P, 1G F

Ca. 30 Minuten Arbeitszeit
1 Std. Kühlzeit
15 Minuten Backzeit
Für ca. 40 Kipferl

150 g Weizenmehl (Type 405)
1 TL gemahlene Vanille
(oder 20 g Vanillezucker
oder Vanillearoma)
50 g gemahlene Haselnüsse
30 g Xylit
80 g Puder-Erythrit
10 g Butter
50 g Magerquark
2 Eigelbe
10 g Vanillezucker

1. Mehl, gemahlene Vanille, Haselnüsse, Xylit und 30 g Puder-Erythrit in einer Küchenmaschine vermischen.

2. Die Butter in einem Topf bei milder Hitze schmelzen und mit dem Magerquark und dem Eigelb in die Küchenmaschine geben und zu einem schön elastischen Teig verkneten, der sich vom Schüsselrand löst. Ist der Teig zu fest, vorsichtig etwas Wasser zugeben.

3. Teig 1 Stunde in den Kühlschrank stellen.

4. Den Backofen auf 175 °C Umluft vorheizen.

5. Schüssel aus dem Kühlschrank holen, Stücke vom Teig abnehmen und zu Vanillekipferln formen. Kipferl auf ein mit Backpapier belegtes Backblech legen und 15 Minuten im Ofen backen.

6. Den Vanillezucker in einer flachen Schüssel mit dem restlichen Puder-Erythrit vermischen und die frisch gebackenen Kipferl darin wenden. Danach auf einem Kuchengitter gut auskühlen lassen.

Diese Kipferl sind von einem Standardrezept abgewandelt und haben statt 504 kcal nur 327 kcal auf 100 g. Dabei sind sie schön weich und natürlich herrlich süß!
Puder-Erythrit kannst du entweder fertig kaufen oder selbst herstellen, indem du Erythrit in den Mixer gibst. Damit erhält der Teig eine luftigere Konsistenz.

MIT LIEBE GEMACHT
ALLES LIEBE
Bratapfel Schnecken
FÜR DICH

DESSERTS

Blaubeermuffins

NÄHRWERTE PRO MUFFIN: 92 KCAL, 21G KH, 5G P, 2G F

Ca. 15 Minuten Arbeitszeit
20–25 Minuten Backzeit
Für 6 Muffins

1 Ei (Größe M)
80 g Zuckerersatz, z. B. 40 g Xylit und 40 g Erythrit
1 TL gemahlene Vanille
50 g Weichweizengrieß
150 g Speisequark (20 % Fett)
75 g TK-Blaubeeren
Fett für die Form

1. Den Backofen auf 160 °C Umluft vorheizen.

2. Eiweiß und Eigelb trennen. Das Eiweiß in einer Schüssel mit dem Handmixer steif schlagen.

3. In einer weiteren Schüssel Zuckerersatz, Vanille, Eigelb, Grieß und Quark verrühren. Dann den Eischnee unterheben, dabei nicht zu lange rühren, sonst fällt der Teig in sich zusammen.

4. Zum Schluss vorsichtig die Blaubeeren unterheben (ein paar zum Garnieren beiseitelegen).

5. Den Teig auf die gefetteten Muffinförmchen verteilen. Die restlichen Blaubeeren daraufgeben und leicht eindrücken.

6. Muffins 20–25 Minuten im Ofen backen.

Donut-Standardrezept

NÄHRWERTE PRO DONUT: 132 KCAL, 17 G KH, 7 G P, 5 G F

Ca. 15 Minuten Arbeitszeit
15–20 Minuten Backzeit
Für 6 Donuts

FÜR DEN GRUNDTEIG:
100 g Haferflocken (oder Weizenmehl Type 1050)
150 g Skyr
50 g Frischkäse light
1 Ei
1 Schuss Milch
½ TL Backpulver
1 Prise Salz
3–4 Tropfen Butter-Vanille-Aroma
30 g Zuckerersatz, z.B. 15 g Xylit und 15 g Erythrit

ZUM BESTREICHEN:
10 g Butter
20 g Zuckerersatz, z.B. Xylit
½ Pck. Vanillezucker

1. Die Haferflocken im Mixer fein mahlen.

2. Den Backofen auf 160 °C Umluft vorheizen.

3. Alle Zutaten für den Grundteig in einer Schüssel miteinander vermischen. Der Teig ist sehr klebrig, aber keine Sorge, das verliert sich beim Backen. Anschließend die Masse auf 6 Donutförmchen verteilen und 15–20 Minuten im Ofen backen.

4. Die Butter in einem Topf bei milder Hitze schmelzen. Zuckerersatz und Vanillezucker auf einem Teller vermischen. Die fertigen Donuts sofort mit der Butter bestreichen und in dem Zuckergemisch wenden.

Iss klüger, nicht weniger – der Leitsatz trifft definitiv auf diese Donuts zu.
Das Rezept ist von einem »Standard«-Donutrezept inspiriert, bei dem jeder Donut 210 kcal aufweist. Ich habe das Ganze auf 132 kcal reduziert und viele Mikronährstoffe hinzugefügt. Und all das, ohne an Geschmack zu verlieren!

Schoko-Himbeer-Donuts

NÄHRWERTE PRO DONUT: 114 KCAL, 17 G KH, 7 G P, 3 G F

Ca. 15 Minuten Arbeitszeit
25 Minuten Backzeit
Für 5 Donuts

1 Ei (Größe M)
50 g TK-Himbeeren
150 g Speisequark (20 % Fett)
50 g Weichweizengrieß
1 EL Backkakao
80 g Zuckerersatz, z.B. 40 g Xylit und 40 g Erythrit

1. Den Backofen auf 160 °C Umluft vorheizen.

2. Das Ei trennen. Eiweiß in einer Schüssel mit dem Handmixer steif schlagen.

3. Alle restlichen Zutaten in einer Schüssel verrühren, dann den Eischnee vorsichtig unterheben.

4. Den Teig auf 5 Donutförmchen verteilen und ca. 25 Minuten im Ofen backen.

Das Ganze funktioniert natürlich auch in einer einfachen Muffinform.
Wenn du keinen Speisequark mit 20 % Fett hast, dann nimm Magerquark und misch 1 EL Öl dazu.

Himbeercrumble

NÄHRWERTE PRO PORTION: 384 KCAL, 37 G KH, 9 G P, 20 G F

Ca. 20 Minuten Arbeitszeit
25–30 Minuten Backzeit
Für 4 Portionen

80 g Butter plus mehr für die Form
600 g TK-Himbeeren (oder andere Beeren)
1 EL Zitronensaft
40 g Xylit
40 g Erythrit
100 g Haferflocken
50 g entöltes Mandelmehl

1. Den Backofen auf 175 °C Umluft vorheizen.

2. Eine Auflaufform (ca. 20 × 30 cm) einfetten, die Himbeeren auf den Boden legen und den Zitronensaft darauf verteilen.

3. Xylit und Erythrit in einer Schüssel vermischen und 1 EL auf die Beeren streuen. Den Rest beiseitestellen.

4. Die Haferflocken in einem Mixer fein mahlen, dann in eine Schüssel umfüllen und mit dem Mandelmehl und dem restlichen Zuckerersatzgemisch vermengen. Die Butter in einem Topf schmelzen, dazugeben und mit den Fingern einarbeiten, sodass Streusel entstehen. Streusel über den Beeren verteilen.

5. Den Crumble 25–30 Minuten im Ofen backen.

Ich fand den Crumble so süß, dass ich noch etwas Skyr dazugegeben habe. Das passt wunderbar zusammen und man bekommt noch Proteine ins Rezept.
Auch dieses Rezept ist die Abwandlung eines Klassikers, und du sparst 195 kcal pro Portion bei gleicher Menge! Meiner Instagram-Community habe ich beide Varianten gezeigt – keiner hat erkannt, welche die kalorienärmere und welche die kalorienreichere war.

Karottenkuchen

NÄHRWERTE PRO STÜCK: 263 KCAL, 19 G KH, 14 G P, 14 G F

Ca. 40 Minuten Arbeitszeit
40 Minuten Backzeit
Für 1 Springform (Ø 26 cm)

FÜR DEN TEIG:
400 g Karotten
50 ml Öl
100 g Frischkäse light
1 EL Butteraroma
4 Eier (Größe M)
125 g Weizenmehl (Type 405)
125 g geschmacksneutrales Proteinpulver (oder Vollkornmehl)
2 TL Backpulver
200 g Zuckerersatz, z. B. 100 g Xylit und 100 g Erythrit
1 TL gemahlener Zimt
200 g gemahlene Mandeln

FÜR DAS FROSTING:
300 g Frischkäse light
100 g Puderzucker light, z. B. 50 g Xylit und 50 g Erythrit gemahlen
1 TL Vanille-Proteinpulver (oder 1 EL Vanillezucker)
1 Spritzer Zitronensaft

1. Den Backofen auf 180 °C Ober-/Unterhitze vorheizen.

2. Karotten schälen, putzen und mit der Gemüsereibe in eine Schüssel raspeln. Öl, Frischkäse, Butteraroma sowie Eier untermischen. Anschließend die restlichen Zutaten für den Teig zugeben und alles gut vermengen.

3. Eine Springform einfetten, den Teig darin verteilen und 40 Minuten im Ofen backen. Dabei nach 30 Minuten prüfen, ob der Kuchen schon fertig ist (Stäbchenprobe!), damit er nicht zu dunkel wird.

4. Die Zutaten für das Frosting in einer Schüssel verrühren. Sobald der Kuchen abgekühlt ist, mit dem Frosting bestreichen.

Die Klassiker-Version hat ca. 446 kcal pro Stück, hier haben wir also einiges gespart!
Puderzucker light kannst du entweder fertig kaufen oder einfach selber machen: hierfür Xylit oder Erythrit für 1–2 Minuten in einem Hochleistungsmixer mixen, bis die Konsistenz pudrig ist.

Himbeer-Frischkäse-Muffins

NÄHRWERTE PRO MUFFIN: 121 KCAL, 12 G KH, 7 G P, 7 G F

Ca. 25 Minuten Arbeitszeit
15–20 Minuten Backzeit
Für 18 Muffins

4 Eier (Größe M)
100 g Zuckerersatz, z.B. 50 g Xylit und 50 g Erythrit
200 g Frischkäse (Vollfett)
50 g Butter plus mehr für die Förmchen
130 g Dinkelvollkornmehl
1 Pck. Backpulver
70 g Vanille-Proteinpulver
300 g TK-Himbeeren

1. Den Backofen auf 160 °C Umluft vorheizen.

2. Eier, Zuckerersatz sowie Frischkäse in einer Schüssel gut miteinander verrühren. Die Butter in einem Topf bei sanfter Hitze schmelzen und untermischen.

3. Nach und nach Mehl, Backpulver und Proteinpulver unterrühren.

4. Die gefrorenen Himbeeren vorsichtig unterheben. Teig auf 18 gefettete Muffinförmchen verteilen und 15–20 Minuten im Ofen backen.

Statt Vanille-Proteinpulver kannst du auch das Mark von 1 Vanilleschote mit 60 g Mehl und 20 g Zucker(-ersatz) vermischen.

Schokobrownies mit Kürbis

NÄHRWERTE PRO BROWNIE: 153 KCAL, 28 G KH, 10 G P, 4 G F

Ca. 30 Minuten Arbeitszeit
20 Minuten Backzeit
Für ca. 9 Brownies

400 g Hokkaido-Kürbis ohne Schale
2 Eier (Größe M)
100 g Zuckerersatz, z. B. 50 g Xylit und 50 g Erythrit
110 g zarte Haferflocken
50 g Schoko-Proteinpulver
20 g Backkakao
1 TL Backpulver
Schokodrops (nach Belieben)

1. Den Kürbis entkernen und in kleine Würfel schneiden. In einem Topf mit Wasser in ca. 10 Minuten weich kochen.

2. Den Backofen auf 180 °C Umluft vorheizen.

3. Die Eier trennen. Das Eiweiß in einer Schüssel mit dem Handmixer steif schlagen. Das Eigelb in einer weiteren Schüssel mit dem Zuckerersatz vermischen.

4. Haferflocken, Proteinpulver, Backkakao und Backpulver in einer dritten Schüssel vermengen.

5. Die Kürbiswürfel zur Eigelbmischung geben und mit einer Gabel zerdrücken. Dann die trockenen Zutaten zugeben. Wenn der Teig zu fest ist, noch einen Schuss Haferdrink o.Ä. untermischen.

6. Nun vorsichtig den Eischnee unterheben. Eine Silikonform verwenden oder ein Backblech (17 × 25 cm) mit Backpapier belegen und den Teig auf dem Blech verstreichen. Ca. 20 Minuten im Ofen backen.

Als ich noch Vollzeit studiert habe, waren selbst gemachte Brownies eines meiner wichtigsten To-go-Rezepte. Ich hatte meistens welche in unserer Tiefkühltruhe eingefroren. Wenn ich zu einer Vorlesung musste, habe ich mir zwei oder drei heraus geholt, die konnten dann auf dem Weg auftauen.
Statt Schoko-Proteinpulver alternativ 40 g Mehl oder gemahlene Haferflocken mit 20 g Süßungsmittel und 10 g Backkakao vermischen.

1/2
CUP
120
ml

Zitronenkuchen vom Blech

NÄHRWERTE PRO STÜCK: 188 KCAL, 25 G KH, 9 G P, 10 G F

Ca. 30 Minuten Arbeitszeit
18–20 Minuten Backzeit
Für 1 Backblech/
16 Stücke

3 Bio-Zitronen
6 Eier (Größe M)
200 g Zuckerersatz, z. B. 100 g Xylit und 100 g Erythrit
250 g zarte Haferflocken
100 g entöltes Mandelmehl
10 g Vanille-Proteinpulver (oder 1 EL Vanillezucker)
2 gehäufte TL Backpulver
100 g Butter
2 Eigelbe
5 Tropfen Butter-Vanille-Aroma

OPTIONAL FÜR DIE GLASUR:
200 g Puder-Erythrit (Fertigprodukt oder gemahlenes Erythrit)

1. Den Backofen auf 170 °C Umluft vorheizen.

2. Die Zitronen waschen und abtrocknen. Dann die Schale von allen 3 Zitronen abreiben und 2 Zitronen auspressen (die dritte für die Glasur beiseitelegen).

3. Eier und Zuckerersatz in einer Schüssel mit einem Handmixer schön schaumig schlagen.

4. Die Haferflocken im Mixer fein mahlen. Haferflocken, Mandelmehl, Proteinpulver sowie Backpulver miteinander vermengen.

5. Die Butter in einem Wasserbad erwärmen. Hierzu kochendes Wasser in eine große Schüssel geben, in eine kleinere Schüssel die Butter füllen. Die kleinere in die größere Schüssel stellen. Die Schüsseln mit einem Deckel bedecken, damit sich die Butter schneller verflüssigt. Die flüssige Butter, die Eigelbe, den Zitronenabrieb, den Zitronensaft sowie das Butter-Vanille-Aroma mit den trockenen Zutaten verrühren.

6. Die entstandene Masse nun mit der Eier-Zucker-Masse zu einem Teig vermischen.

7. Den Teig auf einem mit Backpapier ausgelegten Backblech (14 × 37 cm) verstreichen und 18–20 Minuten im Ofen backen.

8. Nach Belieben eine Glasur zubereiten: dazu den Puder-Erythrit in einer Schüssel mit dem Saft der restlichen Zitrone zu einem Guss verrühren und diesen auf dem noch warmen Kuchen verteilen. Sobald der Kuchen auskühlt, wird die Glasur fest.

Im Vergleich zu einem Standard-Zitronenkuchen-Rezept ist hier die Kohlenhydrat- und Fettmenge halbiert, die Proteinmenge fast verdoppelt und die Ballaststoffmenge mehr als verdreifacht. Und ja, es schmeckt wunderbar. An diesem Rezept sieht man gut, dass es nicht darum geht, Butter komplett zu streichen, nur weil sie sehr kalorienreich ist. Vielmehr geht es um den bewussteren Umgang mit diesen Lebensmitteln.

Bratapfel-Zimtschnecken

NÄHRWERTE PRO STÜCK: 106 KCAL, 20 G KH, 3 G P, 3 G F

Ca. 40 Minuten Arbeitszeit
30 Minuten Wartezeit
30 Minuten Backzeit
Für 15 Schnecken

FÜR DEN HEFETEIG:
70–80 ml warmes Wasser
½ frischer Hefewürfel
1 EL Zucker
250 g Dinkelmehl (Type 650)
25 g Xylit
25 g Erythrit
1 Ei (Größe M)
2 EL Joghurt
1 Prise Salz
Mehl für die Arbeitsfläche

FÜR DIE FÜLLUNG:
3 kleine Äpfel
30 g Butter plus mehr für die Form
1 TL Butter zum Braten
gemahlener Zimt

1. In einer Schüssel Wasser, Hefe und Zucker verrühren, bis sich die Hefe aufgelöst hat. Schüssel zur Seite stellen.

2. Die restlichen Zutaten für den Hefeteig in einer Schüssel miteinander vermengen. Dann die Hefemischung zugeben und alles mit dem Handmixer ca. 5 Minuten gut verkneten.

3. Schüssel mit einem sauberen Küchentuch abdecken und Hefeteig 30 Minuten am besten bei 35–40 °C gehen lassen.

4. Währenddessen die Füllung vorbereiten: die Äpfel waschen, entkernen und mitsamt Schale in sehr kleine Würfel schneiden. In einer Pfanne mit 1 TL Butter Apfelwürfel in ca. 3 Minuten weich dünsten.

5. Den Backofen auf 160 °C Ober-/Unterhitze vorheizen.

6. Den Teig auf einer bemehlten Arbeitsfläche zu einem Rechteck ausrollen. Sollte der Teig zu klebrig sein, noch etwas Mehl untermischen.

7. Die restliche Butter in einem Topf bei milder Hitze schmelzen und den Hefeteig damit bestreichen. Apfelwürfel auf dem Teig verteilen, dabei auf einer Längsseite ca. 7 cm frei lassen. Die Äpfel mit Zimt bestreuen.

8. An der Seite mit Füllung beginnend den Teig vorsichtig aufrollen. Da die Füllung sich durch das Rollen etwas nach vorne schiebt, ist letztlich auf dem kompletten Teig Füllung vorhanden.

9. Teigrolle mithilfe eines scharfen Messers in 15 Scheiben schneiden. Die Zimtschnecken in die gefetteten Mulden einer Muffinform oder in eine Auflaufform setzen. Falls noch etwas Butter übrig ist, Zimtschnecken damit bestreichen.

10. Zimtschnecken ca. 30 Minuten im Ofen backen.

KOMMT VON HERZEN
MIT LIEBE GEMACHT
ALLES LIEBE
Bratapfel
Schnecken
FÜR DICH

Protein-Käsekuchen

NÄHRWERTE PRO PORTION: 461 KCAL, 32 G KH, 44 G P, 18 G F

Ca. 5–10 Minuten Arbeitszeit
8 bzw. 20–30 Minuten Backzeit
Für 1 Portion

250 g Speisequark (20 % Fett)
1 Ei (Größe M)
1 EL Vanille-Proteinpulver
1 TL Speisestärke
4 TL Zuckerersatz, z. B. 2 TL Xylit und 2 TL Erythrit
70 g Sauerkirschen, TK oder aus dem Glas
Fett für die Form

1. Alle Zutaten bis auf die Sauerkirschen in einer Schüssel miteinander vermengen.

2. Die Sauerkirschen in einem Sieb abtropfen lassen und dann vorsichtig unter den Quarkteig heben. Eine kleine Auflaufform (ca. 12 × 18 cm) einfetten und den Teig einfüllen.

3. Käsekuchen 8 Minuten bei 360 Watt in der Mikrowelle garen. Damit der Käsekuchen nicht an der Oberfläche anbrennt, nach 4 Minuten die Form aus der Mikrowelle nehmen und ca. 2 Minuten auskühlen lassen. Alternativ 45 Minuten bei 160 °C Umluft im Backofen backen.

Nutze für dieses Rezept unbedingt eine Auflaufform, in der du den Quarkteig gleichmäßig verteilen kannst. In einer Schüssel wird der Teig am Rand zu hart, während er innen noch roh ist.

Limetten-Bohnen-Kuchen

NÄHRWERTE PRO PORTION: 268 KCAL, 37 G KH, 15 G P, 8 G F

Ca. 15 Minuten Arbeitszeit
20 Minuten Backzeit
Für 2 Portionen

250 g weiße Bohnen aus der Dose
2 EL Zuckerersatz, z.B. 1 EL Xylit und 1 EL Erythrit (20 g)
2 EL zarte Haferflocken (20 g)
1 EL Kokosflocken (10 g)
1 EL Vanille-Proteinpulver (10 g)
1 Bio-Limette
Fett für die Form
15 g weiße Schokolade

1. Den Backofen auf 160 °C Umluft vorheizen.

2. Die weißen Bohnen in einem Sieb abtropfen lassen. Dann in einer Schüssel mit dem Zuckerersatz, den Haferflocken, den Kokosflocken sowie dem Proteinpulver vermischen.

3. Die Limette waschen und abtrocknen. Die Schale abreiben und die Frucht auspressen. Saft und Schale in die Schüssel geben und alles mit dem Stabmixer pürieren.

4. Eine kleine Auflaufform (ca. 10 × 14 cm) einfetten und den Teig hineinfüllen.

5. Die Schokolade in kleine Stücke brechen und gut in den Kuchen drücken.

6. Bohnenkuchen ca. 20 Minuten im Ofen backen.

Die Konsistenz dieses Bohnenkuchens ist oben sehr stückig. Das ist normal! Das Innere aber ist sehr weich und süß. Zugegeben: Ein Kuchen, der ausgerechnet aus Bohnen gemacht ist, das klingt nicht gerade nach einer Delikatesse. Gerade deshalb wird dich das Ergebnis sicherlich positiv überraschen! Bohnen sind eine wunderbare Protein- und Ballaststoffquelle und damit optimal für eine gute Sättigung. Da sie bei manchen Menschen Blähungen hervorrufen, empfehle ich, vom Kuchen nicht mehr als ein Stück auf einmal zu essen. Wenn du generell Probleme mit Blähungen hast, würde ich kein Xylit, sondern normalen Haushaltszucker verwenden.

Mini-Blaubeerkuchen

NÄHRWERTE PRO PORTION: 184 KCAL, 26G KH, 4G P, 9G F

Ca. 20 Minuten Arbeitszeit
2 Stunden Kühlzeit
Für 1 Springform (Ø 12 cm)/
4 Portionen

FÜR DEN BODEN:
30 g Mandeln
15 g Kokosflocken
70 g Datteln, entsteint

FÜR DEN BELAG:
100 g frische oder TK-Blaubeeren
200 g Joghurt (3,8 % Fett)
30 g Zuckerersatz, z.B. 15 g Xylit und 15 g Erythrit
Agar-Agar, Menge nach Packungsangabe (s. u.)

1. Die Zutaten für den Boden in einen leistungsstarken Mixer geben und grob zerkleinern (es muss wirklich nicht fein sein). Um den Vorgang zu erleichtern, ggf. Mandeln und Datteln zuvor 15 Minuten in einer Schüssel mit heißem Wasser einweichen.

2. Die Springform mit Backpapier auslegen. Die zerkleinerten Zutaten für den Boden in die Form geben und gut festdrücken, sodass sie sich miteinander verbinden.

3. Frische Blaubeeren waschen. Joghurt, Blaubeeren und Zuckerersatz in einem Topf kurz aufkochen. Agar-Agar einrühren und alles 2 Minuten weiterköcheln lassen. Füllung lauwarm abkühlen lassen, dann auf dem Boden in der Springform verteilen.

4. Den Kuchen 2 Stunden in den Kühlschrank stellen, damit die Füllung fest wird.

Agar-Agar ist ein vegetarischer Ersatz für Gelatine. Für dieses Rezept solltest du so viel Agar-Agar verwenden, wie auf der Packung für 300 ml Flüssigkeit angegeben ist. Nimmst du zu viel, bekommt die Füllung eine unangenehm feste Konsistenz, die zudem weniger süß schmeckt.

ZUTATENREGISTER

Bibliografische Information der Deutschen Nationalbibliothek
Die Deutsche Nationalbibliothek verzeichnet diese Publikation in der Deutschen Nationalbibliografie. Detaillierte bibliografische Daten sind im Internet über http://d-nb.de abrufbar.

Für Fragen und Anregungen
info@rivaverlag.de

Wichtige Hinweise
Dieses Buch ist für Lernzwecke gedacht. Es stellt keinen Ersatz für eine individuelle medizinische Beratung dar und sollte auch nicht als solcher benutzt werden. Wenn du medizinischen Rat einholen willst, konsultiere bitte einen qualifizierten Arzt. Der Verlag und die Autorin haften für keine nachteiligen Auswirkungen, die in einem direkten oder indirekten Zusammenhang mit den Informationen stehen, die in diesem Buch enthalten sind.

Ausschließlich zum Zweck der besseren Lesbarkeit wurde auf eine genderspezifische Schreibweise sowie eine Mehrfachbezeichnung verzichtet. Alle personenbezogenen Bezeichnungen sind somit geschlechtsneutral zu verstehen.

Originalausgabe
1. Auflage 2022

Türkenstraße 89
80799 München
Tel.: 089 651285-0
Fax: 089 652096

Redaktion: Caroline Kazianka, Stephanie Kaiser-Dauer
Umschlaggestaltung: Sonja Vallant
Umschlagabbildung Vorderseite und Abbildungen Innenteil S. 2, 28, 52, 70, 108, 132: Sascha Koglin (Seventysix Media)
Umschlagabbildungen Rückseite und Rezeptfotos: Stephanie Just
Satz: inpunkt[w]o, Haiger (www.inpunktwo.de)
Druck: Firmengruppe APPL, aprinta Druck, Wemding
Printed in Germany

ISBN Print 978-3-7423-2026-1
ISBN E-Book (PDF) 978-3-7453-1772-5
ISBN E-Book (EPUB, Mobi) 978-3-7453-1773-2